DU MÊME AUTEUR

Paris-Fétard.

L'Orgie Parisienne.

Dames d'Amour.

Plaisirs d'Amants.

Amour violent.

Trucs de Femmes.

Propos joyeux.

Pour s'amuser.

Folichonneries.

Paris-Noceur.

Julia la Chanteuse.

Exploiteurs d'Amour.

Sujets scabreux.

Mélis-Mélos.

Roman de Jolie Femme.

Contes rigolos.

Ce que Fille doit savoir.

Le Théâtre chez soi.

Confession d'une Belle Fille.

Gavroche.

Propos d'Amour.

Pour dire en Famille.

Paris-Joyeux.

Le Sergent Gaspard.

Almanach du Viveur.

Rage d'Amour.

    Etc., Etc.

PARIS - FÊTARD

Guide Secret

de

tous les Plaisirs

par

Victor LECA

PARIS-FÊTARD

GUIDE SECRET

DE

Tous les Plaisirs

Victor LECA

Paris-Fêtard

GUIDE SECRET

DE

Tous les Plaisirs

Nouvelle Édition

Dames Galantes
Maisons Closes, Maisons de Rendez-Vous
Cafés, Restaurants à Femmes
Restaurants de Nuit, Brasseries à Femmes
Cabarets Artistiques
Bas-Fonds curieux, Attractions, etc., etc.

PARIS

En Vente chez P. de PORTER

Quai des Grands-Augustins, 39

Victor LECA

Que ce petit bonhomme
A de franche gaîté !
Partout on le renomme
Pour sa jovialité.

Mais il flétrit sans rire
Les tartufes, les faux,
Qui ne font que médire,
Ignorant leurs défauts.

Contre toute injustice
Il s'insurge, — et je vois
Qu'il ne se rapetisse
En élevant sa voix

Ayant bon caractère,
Bon cœur, bonne santé,
Il va, chantant Cythère,
Amour et Liberté.

Il ne fait point parade
De son réel talent,
Et c'est un camarade
Serviable, galant.

ADRIEN MARCHE

(Extrait de *Ceux que j'aime*.

Lettre Ouverte

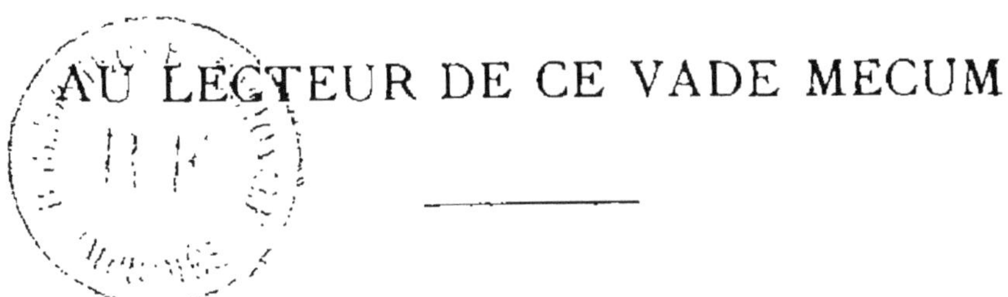

AU LECTEUR DE CE VADE MECUM

———

Cher Monsieur,

Un type épatant, le Périgourdin Montaigne, disait philosophiquement :

« Tout homme a dans le cœur un cochon qui sommeille. »

Comme il y a plus de trois cents ans que ces paroles ont été prononcées, — et écrites, — peut-être ne sont-elles plus très intelligibles, aujourd'hui, pour le bon-vivant, viveur acharné que vous êtes.

Or, grâce à mes recherches profondes (!), je suis à même de vous affirmer ceci :

Lorsque Montaigne prononça ces immortelles paroles, il prétendit... ce qu'en mon charabia je traduis ainsi :

Tout homme passant par Paris, — capitale du monde, — n'a pas seulement le souci de ses affaires.

Qu'il y vienne pour fourrer au fond de sa poche le montant d'un gros héritage chez Me Anastase Larfouillot, le notaire bien connu, ou pour se mettre à la recherche

d'une po... d'une po...
d'une position sociale,

comme dit une amusante chanson, il se dépêche, il trotte, il bouscule, il bondit, il halète, il vient, il va, il tourne, il vire, pressé, impatient, et qu'est-ce qui cause sa fébrilité, qu'est-ce qui le démange à ce point? Hé, parbleu, il lui tarde de se pendre.. au cou mignon d'une gracieuse Parisienne!

Et vous, cher monsieur, qui n'êtes à « Pantruche » (style Apache), ni pour solliciter l'emploi si envié de brosseur de pruneaux chez Potin, ni pour palper un gros tas de « pognon » chez le basochien susnommé, mais qui possédez assez de billets de mille francs pour plaire à la plus capricieuse des femmes, vous n'êtes venu chez nous que dans un but unique : Faire la fête!

Mais Paris étant un peu plus grand qu'un mouchoir de poche, vous êtes bien embarrassé, partant de votre hôtel (supposons-le situé à proximité de la gare du Nord), pour vous diriger, allègrement, vers un lieu de réjouissances, où l'on trouve mets délectables, vins généreux, musique entraînante, et, brochant sur le tout, des petites femmes pimpantes, jolies, aimables, spirituelles et voluptueuses.

C'est pour vous faciliter vos excursions à Cythère que j'ai composé ce Guide, dans lequel vous trouverez — exactes — les adresses de tous les endroits où l'on s'amuse.

> Allez, faites bombance,
> Et soyez guilleret !
> Que le champagne, en abondance,
> Coule pour vous, le soir, au cabaret !
> Faites mille folies
> Et la nuit et le jour !
> Que les femmes les plus jolies
> Vous rendent fou d'allégresse et d'amour !

V. L.

— L'heure des bêtises approche !

I

D'ABORD, PARLONS DES FEMMES

Les femmes qui font LA NOCE, — *filles soumises* (en carte) ou prostituées clandestines (non inscrites à la Préfecture de Police) sont bien, à Paris, au nombre de cent mille. Vous avez de quoi choisir!...

On les appelle de différentes façons :

Pécheresses, demi-mondaines, cocottes, pierreuses.

Les plus sévères, — ou les plus grossiers, — disent :

« Putains, poufiasses, gotons ».

Il est vrai que chacun de tous ces noms, plus ou moins « d'oiseaux », s'applique à une catégorie de NOCEUSES.

Une demi-mondaine qui vit, comme une grande dame, sur le pied d'un million et plus par an, —

ce qui n'est par rare, — n'est jamais traitée de goton, à moins que ce ne soit par quelque imbécile ou par un fou.

De même, une goton, c'est-à-dire une de ces pauvres filles sans beauté, sans chic, qui se **trim**ballent mal vêtues près des barrières, près des corps de garde, n'a le plaisir de s'entendre appeler « demi-mondaine » ou « cocotte » que par un vagabond ivre, qui, ayant le vin amoureux, trouve à la « traînée » des charmes que dame Nature ne lui a pas donnés.

Entre la demi-mondaine millionnaire et la goton dénuée de tout, les cocottes, les marcheuses, les pierreuses forment des classes de NOCEUSES parmi lesquelles se trouvent plutôt celles qui, la nuit, s'assemblent dans certains établissements (cités plus loin) se tenant à la disposition du gentleman qui voudra bien les inviter à souper, puis... à... dormir.

Tandis que des centaines de femmes paradent dans les music-halls, dans les cafés, d'autres femmes, par milliers, se promènent, infatigablement tout le long des boulevards, — ceux du Centre ou ceux dits Extérieurs, — sans compter les rues, les places, les carrefours, où il en est, nombreuses encore, qui font le RACCROC à places fixes et ne quittent un instant le Trottoir que pour « monter » avec un « client ».

L'ENTOLEUSE

— Après tout, c'est comme si je faisais de la bécane...
c'est un virage savant !

Où il y a le plus de femmes se baladant sans cesse, souriant aux hommes, jouant de la prunelle, c'est :

1º Sur les grands boulevards, de la Madeleine à la Porte Saint-Denis et de cette porte à la place de la République;

2º Faubourg Montmartre;

3º Boulevard de Sébastopol;

4º Rue de Rivoli, du Palais-Royal à la Bastille;

5º Chaussée d'Antin;

6º Tout autour de la gare Saint-Lazare;

7º Boulevard Saint-Michel, au Quartier Latin;

8º A Montmartre, sur les boulevards de Clichy et Rochechouart, de la place de Clichy à la place d'Anvers;

9º Sur l'avenue des Champs-Elysées;

10º Autour de l'Ecole Militaire.

Ce qui ne vous empêchera nullement d'en rencontrer dans n'importe quel endroit, le jour ou la nuit, en nombre inférieur, mais non moins prêtes à vous accorder... tout ce que vous voudrez, — moyennant, selon leur genre, — quarante sous, cinq francs, ou bien un, deux, cinq louis, — ou plus.

Les femmes qui dévalisent leurs amants momen-tanés, pratiquant ce qu'on appelle l'ENTÔLAGE, sont ordinairement de celles qu'on rencontre au coin des rues ou dans les établissements de 12e ordre.

La cocotte chic ne se livre pas à ce genre de sport, mais il faut savoir la distinguer de la femme de bonne apparence dont toute la fortune est sur elle, en colifichets, et qui, vous ayant « chopé » votre portefeuille, disparaît, ne laissant dans la chambre meublée qu'elle occupait, en fait d'objets lui appartenant, qu'une chemise maculée et un vieux corset dans du papier !

Il est vraiment étonnant que, chaque jour, des hommes qui ne doivent pas être des imbéciles, puiqu'ils sont des gros négociants, des notaires, des rentiers ayant été bien élevés, etc., se laissent stupidement filouter par des femmes !

Pourquoi emporter sur soi des papiers, des sommes importantes, des bijoux précieux, quand on s'en va vers l'inconnu, vers les lieux où, forcément, on perd un peu la tête sous l'influence des fumées des beuveries et des orgies, où sont toujours, parmi d'honnêtes gens en joie, des rastas et leurs donzelles à l'affût de la « bonne poire » !

Vous êtes un gentleman, mon cher lecteur, partant, vous n'avez pas à craindre l'entôlage, car les *Reines de la Galanterie,* que vous fréquenterez et comblerez de dons généreux, savent, comme des princesses, les règles du bon ton et de la parfaite hospitalité.

COMME CHEZ LE COIFFEUR

— Le premier de ces Messieurs !

II

DAMES GALANTES

Il vous sera peut-être agréable d'apprendre, vous qui n'êtes à Paris que de passage, quels quartiers habitent plutôt les dames galantes.

Sachez donc que ces charmantes personnes, quand leur beauté leur a valu des fortunes colossales, demeurent en de somptueux logis contigus à ceux des princes, dans le quartier de l'Arc de Triomphe de l'Etoile, le plus élégant de Paris.

D'autres sont très luxueusement installées aux Champs-Elysées ou aux abords du parc Monceau.

Dans le quartier de l'Europe, habitent plusieurs centaines de cocottes cossues.

Au quartier Bréda, ce n'est plus que la coco-dette, qui a plus de « Bas » que de « Hauts ».

A Montmartre, au Quartier Latin, à la Bastille, à Grenelle, et un peu partout, habitent des petites femmes, non moins gentilles, mais vivant au jour le jour, avec plus ou moins de chance.

Les pierreuses vulgaires sont logées, en garni, dans les quartiers excentriques.

Quant aux gotons des barrières, elles n'ont guère de domiciles fixes, et, parmi ces dernières, beaucoup, en été, dorment sur les fortifications ou dans les fourrés du bois de Boulogne.

C'est ce qu'elles appellent « coucher à la belle étoile » ou bien encore « refiler la comète ».

Belles métaphores, n'est-ce pas ?

III

MAISONS CLOSES

Ah ! ce ne sont point des « vertus farouches »
que les pensionnaires de ces... couvents, que les
viveurs, en leur langage familier, appellent entre
eux des : Boxons !

Malgré ce nom... sportif, on ne va pas là pour...
boxer, mais l'amateur ne s'y amuse pas moins, s'il
a pris soin d'aller, plein de joie, dans une des
maisons que j'indique plus loin, où les femmes
sont belles, aimables, — où l'on passe, en riant et
se pâmant, des soirées, des nuits paradisiaques !

Naguère, ces hospitalières maisons (de tolérance)
se distinguaient des autres par un numéro gigan-
tesque, peint sur la vitre d'une non moins grande
lanterne rouge, qui s'apercevaient d'une lieue, —
j'exagère peut être un peu, hein ? mais passons.

Les gosses, filles et garçons, quand ils passaient avec leurs parents à proximité d'un gros **69** leur demandaient, surpris : — Oh ! papa, pourquoi donc qu'il y a un numéro si gros, à cette maison ?

Le père, embarrassé, ne répondait pourtant pas si mal, en disant :

— C'est parce que les gens qui l'habitent sont *presbytes*.

Quand c'était une petite fille qui demandait à sa mère :

— Maman, vois donc ce gros numéro rouge ! Pourquoi est-il plus grand que les autres ?

La dame, contrariée, mais ne pouvant ne pas répondre, bredouillait un peu, puis finissait par dire :

— C'est parce qu'il y a, dans la maison, des petites filles... qui n'ont pas été sages !

Or, les petites filles, qui sont cocasses, nous causent parfois des petits chagrins dont elles ne se doutent pas, les mignonnes.

C'est ainsi que, l'autre jour, la petite Yvonne, âgée de six ans, à qui sa douce maman avait précisément parlé comme ci-dessus, ayant été grondée en présence de plusieurs personnes en visite chez ses parents, s'écria après avoir boudé un moment:

— Petite mère, je ne le ferai plus, je te le promets ; mais ne mets pas un gros numéro à la porte, pour qu'on ne sache pas que j'ai été vilaine !

APRÈS LE BAL

— Maintenant que nous avons levé de jolies petites femmes,
commençons d'abord par lever nos verres en leur honneur !

Tête des invités !

La mère dut donner des explications, et chacun s'accorda à dire que la suppression des lanternes avait été une chose excellente.

Pourtant, si un enfant ne reconnaît pas les *Boxons*, un homme, un viveur, malgré l'absence d'un signe lumineux, ne peut s'y tromper.

Les Maisons closes sont ainsi nommées parce que, en effet, elles sont constamment fermées.

Les portes, les fenêtres, les persiennes ne s'ouvrent jamais.

Naturellement, pour donner accès aux clients, une porte s'ouvre, à peine le temps de livrer passage, mais seulement à l'appel de l'arrivant, qui s'annonce lui-même par un vigoureux coup de sonnette.

Ayant pénétré dans le sanctuaire, où se trouve le viveur ?

S'il est dans un Boxon de premier ordre, il est introduit dans une pièce aménagée en Salon.

Dans une maison de second ordre, la pièce où l'on pénètre d'abord, avant... l'intimité, n'est autre qu'une salle de café, confortable, aux tables de laquelle se tiennent les vestales.

L'arrivant prend place, toutes les dames disponibles l'entourent, et il invite alors celle ou celles — avec un S — dont les charmes l'ont conquis.

Il offre à boire : liqueurs, champagne, etc., puis fait son choix.

Alors, avec une ou deux, même trois s'il lui plaît, — voire quatre femmes, — il diparaît dans l'antre mystérieux et se livre aux délices du Baiser.

Les Boxons les plus réputés sont situés :

1º Au Centre de Paris

12, rue Chabanais.
56, rue Taitbout.
4, rue Joubert.
92, rue de Provence.
14, rue de Monthyon.
6, rue des Moulins.
11, rue Thérèse.
39, rue Sainte-Anne.
10, rue d'Amboise.
2, et 5, rue de Londres.
4, 25, rue Blondel.
32, rue Sainte-Appoline.
8, rue Colbert.
131, rue d'Aboukir.
37, rue des Petits-Carreaux.
12, rue Feydeau.
16, 22 et 30, rue La Ferrière.

2º Quartiers excentriques

11, boulevard d'Italie.
112, rue de Montreuil.
19, rue Traversière.
7 et 17, rue Jolivet.
52, boulevard de Grenelle.
22, avenue Lowendal.
106, avenue de Suffren.
106, boulevard de La Chapelle.
213, 164, 226, boulevard de La Villette.
70, boulevard de Belleville.

3º Quartier Latin

3, rue des Quatre-Vents.
42, rue Mazarine.

Il en est encore quelques-uns, plutôt mal fréquentés, dans les rues :

19, rue de l'Hôtel-de-Ville
rue Simon-le-Franc.
2, passage Bessières.

IV

MAISONS DE RENDEZ-VOUS

Les Maisons closes (ou de tolérance), leur nom l'indique, sont tolérées par la Préfecture de Police.

Les Maisons de rendez-vous, sauf quelques-unes, sont clandestines.

Une Maison de rendez-vous est dirigée par une femme qui, dans son appartement, réunit des cocottes, pensionnaires externes, — tandis qu'internes sont celles des Boxons.

En vous donnant, complètes, les adresses de ces Maisons, je dénoncerais des femmes qui seraient vite « mises à l'ombre » à Saint-Lazare.

Vous pensez bien que je n'ai nul envie de causer de la peine à ces mignonnettes, et vous-même, qui les aimez, saurez bien les trouver avec ces indications :

1° Quartier de l'Etoile

Rue Washington.
Rue Troyon.
Rue de l'Etoile.
Rue des Acacias.
Rue Marbeuf.

2° Près la Madeleine

Rue Saint-Florentin.
Rue Boissy-d'Anglas.
Rue Cambon.
Rue Vignon.

3° Près l'Opéra

Rue de Hanovre.
Rue Joubert.
Rue Mogador.
Cité d'Antin.
Rue de la Victoire.

4° Quartier Bréda

Rue des Martyrs.
Rue Clauzel.
Rue Frochot.

— Ne dis donc jamais ton nom de Boirot à la concierge ; je lui ai dit
que je ne connaissais que des gens du monde.

5° **Près la Gare Saint-Lazare**

Rue d'Amsterdam.
Rue de l'Arcade.
Rue de Rome.
Passage Tivoli.

Il faudra vous renseigner auprès des garçons de café pour trouver ces Maisons de rendez-vous, que rien — pour cause — ne met en relief.

V

BRASSERIES DE FEMMES

Dans ces cafés, au lieu d'être servis par des
« garçons » à favoris, ou glabres comme des va-
lets, les clients le sont par d'accortes servantes qui
sont dames galantes, et que l'on peut à loisir cour-
tiser, puisqu'elles sont là tout exprès pour l'être et
qu'en ne le faisant pas vous vous attireriez cette
verte apostrophe :

— Que venez-vous faire ici, espèce de « panas »
si ce n'est pas pour « lever » une gonzesse !

Mais, c'est : « mon coco », « mon chéri », mon
« petit loup » que l'on vous appellera, car vous
serez un « miché chic » et offrirez à Paméla, à
Louisa, à Nana, *et tutti quanti* aux noms en A,
des breuvages fins... et chers, en échange desquels,
— et de quelques francs, — la « poule » que vous
aurez choisie, vous fera... goûter au bonheur.

Ces brasseries sont situées :

1º Dans le Centre

Les Vélos, rue Blondel, 16.

Sans Gêne, rue de Tracy, 8.
Enfant Prodigue, rue Amelot, 161.
Madeleine, rue d'Aboukir, 92.
Chat Noir, rue de la Lune, 3.
La Ruche, rue de Tracy, 6.
Les Étoiles, rue de Tracy, 10.
Le Caprice, rue Saint-Denis, 234.
L'Orientale, rue de Bondy, 94.

2º Au Quartier Latin

Lyonnaise, rue Monsieur-le-Prince, 13.
Le Cygne, rue Monsieur-le-Prince, 57.
Le Coucou, rue Monsieur-le-Prince, 65.
Coquette, rue de la Harpe, 18.
La Perle, rue Jean de-Beauvais, 13.
Le Furet, rue de Vaugirard, 8.
Le Coq Hardy, rue de Vaugirard, 10.
Le Grand-Duc, rue de Vaugirard, 14.

3º A Montmartre

Le Hanneton, rue Pigalle, 75.
Le Chardon, rue de la Nation, 21.
Walter, rue de la Nation, 3.
Le Bon Bock, rue Darcourt, 2.
Le Coucou, boulevard Rochechouart, 90.

Et vous en découvrirez bien d'autres !

VI

CAFÉS, BRASSERIES, RESTAURANTS

FRÉQUENTÉS PAR

LES DAMES GALANTES

Dans les Etablissements que je vais vous citer ici, vous rencontrerez toujours, — mais surtout à partir de l'heure du dîner, — des femmes charmantes qui ne demanderont pas mieux que de vous tenir compagnie, d'abord à table, puis en quelque lieu de plaisir (music-hall, théâtre, etc.) et, enfin, chez vous ou chez elles, pour... veiller sur votre sommeil.

Dans le Centre de Paris, — grands boulevards et rues adjacentes, — les établissements sont par centaines. Voici les principaux :

Boulevard des Capucines

3, RESTAURANT JULIEN.

14, Grand Café.
28, Taverne Olympia.

Boulevard des Italiens

1, Café-Restaurant du Cardinal.
16, Café Riche.
38, Restaurant Paillard.

Boulevard Montmartre

5, Café-Restaurant de Suède.
6, Café-Restaurant de Madrid.
9, Café-Restaurant des Variétés.
10, Café-Restaurant des Princes.
12, Café-Restaurant Jouffroy.
13, Café-Restaurant Véron.
14, Grande Maxéville.

Boulevard Poissonnière

32, Taverne Brébant.

Boulevard Saint-Denis

14, Café-Restaurant Maire.
15, Taverne Grubber.
17, Taverne du Nègre.

Place de la République

8, Café-Restaurant Américain.

28, Taverne de Paris (plus connue sous le nom de la Vacherie; très nombreuses dames galantes).

Faubourg Montmartre

16, Grande Taverne. (Etablissement fort curieux. Centaine de dames galantes; tziganes, attractions, etc.).

A Montmartre, où c'est grande fête d'un bout à l'autre de l'année, les Etablissements à femmes sont particulièrement gais et animés.

Place Pigalle

L'Abbaye de Thélème.
La Nouvelle Athènes.
Le Rat Mort.

Place Blanche

Brasserie de la Place Blanche.
Brasserie Cyrano.
Brasserie Graff.

A côté, boulevard de Clichy, 80, la Brasserie Léon.

Tabarin, 58, rue Pigalle.
Gavarni, 1, rue Chaptal.

LA FÉRIA, 18, rue N.-D.-de-Lorette.
JULIANO, 3, rue Frochot.

Et tant d'autres !

—o—

Au Quartier Latin, la Rigolade n'a pas de jour non plus pour battre son plein. Vous trouverez de jolies filles, rieuses, pas fières :

Boulevard Saint-Michel

CAFÉ D'HARCOURT.
CAFÉ VACHETTE.
CAFÉ DU PANTHÉON.
CAFÉ DE LA JEUNE FRANCE.
BRASSERIE ALSACIENNE, rue du Sommerard.
BRASSERIE DU RHIN, 1, place de la Sorbonne.
BRASSERIE BALZAR, rue des Ecoles.

C'est pourtant à Montmartre, vraiment, que vous rencontrerez le plus de... fous, donc, que vous rirez le plus, car l'adage est vrai.

—o—

Vous irez aussi en vadrouille aux Halles, la nuit, et, si vous n'avez pas de compagne, vous pourrez

— Vous ne me remettez pas ?

— Sûr que non ! Pas comme ça tout de suite ! Faut savoir d'abord ce que vous m'offrez !

en choisir une, entre mille, dans les restaurants :

Au Grand Comptoir, rue Pierre-Lescot.
Au Père Denis, rue Rambuteau.

Ainsi qu'en d'autres restaurants qui sont porte à porte.

Pour souper chez Baratte, l'établissement le plus coté aux Halles, n'y allez pas seul, car, là, les dames galantes ne sont reçues qu'accompagnées. (Ce restaurant est situé rue Berger).

A la gare Saint-Lazare, la Brasserie Mollard, en face l'Hôtel Terminus, est un lieu de réunion de demi-mondaines charmantes. Sans compter que deux mille femmes environ se promènent constamment en cet endroit, vous attendant avec impatience !

VII

CABARETS ARTISTIQUES

Seuls, Montmartre et le Boul'Mich (Quartier Latin) en possèdent :
Xavier Privas, prince des Chansonniers, chevalier de la Légion d'honneur, et sa suite nombreuse : Marcel Legay, Dominique Bonnaud, Vincent Hyspa, Teulet, Fursy, etc.; s'y font entendre, dans leurs œuvres, chaque soir.

Montmartre

La Boite a Fursy, 58, rue Pigalle.
Les Quat'Z'Arts, 62, boulevard de Clichy.
Conservatoire de Montmartre,
        108, boulevard Rochechouart.
Aristide Bruant, 84,
        boulevard Rochechouart.
L'Ane Rouge, 30, avenue Trudaine.

La Lune Rousse, 37, boulevard de Clichy.
Le Ciel, 53, boulevard de Clichy.
L'Enfer, 53, boulevard de Clichy.

Le Carillon, qui avait pignon sur rue (de la Tour-d'Avergne) a loué ou vendu son immeuble, qui est devenu hôtel meublé, et s'est installé, en boutique, 3o, boulevard Bonne-Nouvelle, près la porte Saint-Denis, où, d'ailleurs, le succès l'a suivi.

Quartier Latin

Les Noctambules, 17, rue Champollion.
La Jeunesse, rue Champollion.
Caveau du Cercle,

              boulevard Saint-Germain.

Au cabaret, où l'on chansonne,
Vous rencontrerez sûrement,
L'élégante et belle personne
Dont vous voudrez être l'amant.

VIII

MUSIC-HALLS ET CAFÉS-CONCERTS

Revues à grands spectacles, pièces à femmes, sont jouées, chaque jour, dans ces établissements superbes, où vous admirerez, dans les loges ou aux promenoirs, les plus jolies dames de la Galanterie.

FOLIES-BERGÈRE, 58, rue Richer.
OLYMPIA, 28, boulevard des Capucines.
MOULIN ROUGE, place Blanche.
MARIGNY, carré des Champs-Elysées.
CASINO DE PARIS, 16, rue de Clichy.
LA SCALA, 13, boulevard de Strasbourg.
PARISIANA, 27, boulevard Poissonnière.
LA CIGALE, 120, boulevard Rochechouart.
ELDORADO, 4, boulevard de Strasbourg.

En ÉTÉ, seulement :

AMBASSADEURS, aux Champs-Elysées.
JARDIN DE PARIS, aux Champs-Elysées.
ALCAZAR, aux Champs-Elysées.

Ah ! c'est là qu'on se rince l'œil !

IX

LES CIRQUES

Les spectacles sont attrayants, les femmes nombreuses, et le plaisir très grand, aux cirques :

Hippodrome, place Clichy.
Métropole, avenue Bosquet.
Médrano, 63, boulevard Rochechouart.
Nouveau, 254, rue Saint-Honoré.
D'Hiver, place Pasdeloup.

AU JARDIN DE PARIS

Lui — C'est mon cousin de Beauvais; il est un peu timide,
il s'ouvre difficilement et s'écarte rarement de sa ligne de conduite.
Toutes les deux. — Très chic! les contraires s'attirent!!!

X

ATTRACTIONS DIVERSES

L'Antre des Sorciers,
        2, boulevard Saint-Martin.
Les Adrets, 14, boulevard Saint-Martin.
Le Palais de Glace, aux Champs-Elysées.
L'Alhambra, 5o, rue de la Douane.
Musée Grévin,
        10, boulevard Montmartre.
Sous-Sols Orientaux,
        20, boulevard des Italiens.
Diorama de Rome,
        rue Lamarck (Sacré-Cœur).
Panorama dm Sacré-Cœur,
        3, rue Saint-Eleuthère.
Cabaret des Assassins,
        4, rue des Saules (Sacré-Cœur).
Le Néant, 34, boulevard de Clichy.

Cinématographes

Pathé, 7, boulevard Poissonnière.
Dufayel, 15, boulevard Barbès.
Sélect, 6, boulevard Saint-Denis.
Le Gourbi, 60, rue Pigalle.
Tour Eiffel, au Champ-de-Mars.
Grande Roue de Paris.
                    au Champ-de-Mars.
Les Truands, 100, boulevard de Clichy.

Auditions phonographiques :

La Fauvette, 5, boulevard Poissonnière.
Paris-Phono, 6, boulevard des Italiens.
Pathé, 26, boulevard des Italiens.
Gramophone, 32, boulevard des Italiens.

Vous voyez bien que, si l'on s'ennuie à Paris, c'est que l'on est irrémédiablement hypocondre, les moyens de se distraire ne manquant pas !

— Pitié, Julot!... c'est déjà bien assez que tu m'envoies
faire f....

AU BAL

—

Si vous ne dansez pas, vous n'êtes pas un vrai viveur.

Il est vrai qu'à Paris, on n'a pas besoin de danser pour se divertir au bal, quand, comme à

Tabarin, rue de Douai, on peut assister à des fêtes splendides, à des concours de mollets entre les plus jolies femmes, à des défilés d'élégantes qui tenteraient saint Antoine et même son cochon !

Le bal Tabarin et le bal Bullier, du quartier Latin, sont actuellement les deux plus « smarts » de Paris.

Il y a encore :

Le Moulin de la Galette, rue Lepic.
L'Eden-Concert, rue de la Douane.
La Salle Wagram, avenue Wagram.

D'autres bals, notamment

LA TÊTE DE COCHON,
                boulevard Ménilmontant.

LA SALLE OCTOBRE, montagne Sainte-Geneviève, sont fréquentés par les « Apaches » et leurs « poules ».

Quant aux Auvergnats, aux Limousins, aux Savoyards, aux Bretons, ils « tricottent des gambettes » aux sons du biniou, de l'accordéon ou de la musette, au

BAL-MUSETTE,
                rue de Lappe, près de la Bastille,

L'amour sourit aux bons danseurs,
C'est au bal que, deux âmes sœurs
S'étant un beau soir rencontrées,
Des femmes furent adorées,
Et des hommes, ces ravisseurs,
Pris pour amants et professeurs.

XII

BAS-FONDS

———

Ce qui prouve que Montaigne (le Périgourdin déjà nommé) avait raison de dire qu'un cochon ronfle dans le cœur de tout homme, c'est que l'être le plus délicat, le plus distingué, éprouve parfois le besoin de frôler les pires individus, voire même de... caresser les plus ignobles femmes !

Ne voit-on pas, chaque nuit, aux Halles, d'importants personnages, avec leurs femmes ou leurs maîtresses, pénétrer dans les bouges infects où croupissent — et... s'accroupissent — des vagabonds, des gens sans aveu, des gotons épouvantables !

Des princes, des grands-ducs ne craignent pas de s'aventurer dans ces repaires où des scènes éclatent souvent, où ont lieu, chaque jour, des pugilats, dont cinq sur dix sont sanglants.

Et vous auriez tort d'essayer, en n'allant pas

visiter ces bouges, de nous faire accroire que vous n'avez pas, comme tout le monde, votre petit cochonnet!

Vous irez donc « risquer un œil » :

A l'Ange Gabriel, rue Pirouette.
A la Belle de Nuit, rue des Halles.
Au Caveau, rue des Innocents.

trois Etablissements des Halles où vous verrez, faisant la noce à leur manière, des voyous avinés, qui boiront encore, — à vos frais, — mais ne vous feront aucun mal, soyez-en sûr.

✦

Des Halles, il n'y a pas loin au carrefour formé par les très anciennes rues

Simon-le-Franc,
Brise-Miche,
De Venise.

Toutes les trois à cinq minutes de l'Hôtel de Ville, où végètent, sordides, de pauvres hères, des dames galantes (!!!) âgées de douze à soixante-quinze ans, en guenilles, sales, repoussantes!

Il y a là des hôtels borgnes, des buvettes, des brocanteurs et, grouillants, des camelots, des poivrots, des raccrocheuses pleines,.. d'absinthe!

Sur la place Maubert, au Quartier Latin, autour de la statue d'Etienne Dolet, les ramasseurs de bouts de cigares viennent tous les soirs, de 5 à 7 heures, mettre en vente leur récolte de la journée. Ils appellent cela : *La foire aux Mégots*.

✦

Vous pourrez aussi aller dire bonjour au citoyen Ernest, le philanthrope des vagabonds : il leur vend, en effet, pour trente sous, un vêtement complet, et leur offre par dessus le marché un joli chapeau âgé de neuf ans, puis les rase gratis, s'ils ont le poil trop long ! (Passage Basfour).

✦

Pourquoi n'iriez-vous pas déjeuner, — une fois, — au *restaurant de la Huchette*, rue Saint-Séverin ? Pour six sous vous feriez un repas pantagruélique, et n'auriez pas de pourboire à donner, car, là, le client se sert lui-même.

Vous y trouveriez, d'ailleurs, dans la salle dite : Le Sénat, des jeunes gens distingués, mais pauvres, étudiants et futurs grands hommes. Certaines de nos « gloires » furent heureuses de se nourrir là, à bon compte.

✦

Plutôt que de coucher dehors, il est facile, si

l'on a quatre sous, de se mettre à l'abri : *Fradin*, 35, rue Saint-Denis, donnant, pour cette somme, l'hospitalité d'une nuit. Mais il n'y a chez lui ni lit ni literie. On dort sur la table !

✦✦✦

A la Grappe d'Or, 134, rue Saint-Martin, quelle misère ! Des gens ne sachant que faire, en haillons, stationnent des journées entières dans ce débit, devant deux sous de vinasse !

✦✦✦

Le Cabaret du Père Lunette, rue des Anglais, au quatier Latin (place Maubert) est un trou grand comme une cabine à téléphoner, où pérorent, ivres, des déclassés, hommes et femmes.

✦✦✦

Mais ces choses sont plus tristes que curieuses, après tout, et lorsque vous les aurez vues, vous direz : « Assez! »

C'est pourquoi je n'en ajoute pas d'autres. A quoi bon ?

Vous donnerez quelques sous par ci par là, qui seront les bien venus !

XIII

BOIS-DE-BOULOGNE ET PORTE-MAILOT

A la porte Maillot (à quelques minutes de l'Arc de Triomphe), vous trouverez à vous amuser, les cafés, les restaurants, les femmes y étant nombreux et la gaîté étant là chez elle.

C'est le rendez-vous des gens de sport : cyclistes, chauffeurs, cavaliers.

Les établissements, notamment :

L'Excelsior,
L'Espérance,
Les Sports,

sont magnifiques, et très animés chaque jour.

A deux pas, le *Bois de Boulogne* vous tend les bras.

LES GRANDES INVENTIONS

La Télégraphie sans fil.

Laissez-vous étreindre, vous en aurez satisfaction et joie.

Quantité de dames galantes, élégantes et jolies, (quelques sales retapeuses aussi) s'y promènent ou font la « Corbeille » dans les établissements ci-dessous désignés et très bien fréquentés :

Le Pré Catelan,

La Cascade,

Le Chalet des Iles,

Les Chalets du Cycle,

Le Pavillon Chinois,

Armenonville, etc.

Entre la porte Maillot et l'entrée du Bois (par Neuilly) est l'établissement appelé Printania (fermé en hiver) où vous ne manquerez pas d'aller passer de bons moments, si vous vous trouvez « en nos murs » à l'époque de la belle saison et du joyeux soleil.

XIV

LES COURSES

Certes, vous irez aux Courses, sinon pour jouer, du moins pour voir la foule, l'énorme affluence des jolies femmes réunies au Pesage, sur la Pelouse, — partout.

Rien que le défilé des équipages, dans les allées du Bois, au retour des Courses, vaut le voyage de Chicago à Paris !

Les Courses de Lonchamps, au Bois de Boulogne, ont lieu de mars en mai. En juin, le Grand-Prix, Courses encore en septembre et octobre.

A Auteuil (Bois de Boulogne), Courses en février, mars, juin, juillet, novembre et décembre.

Les Courses de Chantilly se font : 1° au printemps (trois réunions); 2° à l'automne (six réunions).

Les dates de Courses n'étant pas fixées pour les autres hyppodromes, consulter les journaux relativement aux réunions de :

Maisons-Lafitte,	Saint-Ouen,
Achères, Colombes,	Enghien.

Bonne chance ! « Touchez » beaucoup de chevaux ! Amusez-vous bien !

XV

UN SEUL JOUR A PARIS

Mon cher lecteur, si vous ne pouvez rester qu'un seul jour à Paris, — soit que vos affaires vous appellent d'urgence dans votre pays, soit que vous craigniez les griffes ou les... infidélités de votre gracieuse épouse, — vous seriez peut-être embarrassé, si vous ne connaissez pas du tout la capitale, pour passer agréablement quelques heures.

Je suppose donc que vous êtes arrivé dans la nuit.

Tout de suite, vous vous êtes fait conduire à l'hôtel qu'un de vos amis, déjà venu ici, vous a recommandé.

Il était tard, vous étiez fatigué, vous vous êtes couché et avez dormi.

A neuf heures, vous êtes sorti et vous êtes occupé de vos affaires toute la matinée.

Vous avez déjeuné avec l'un de vos correspondants, tout en discutant de vos intérêts.

Vers quatre heures, tout étant réglé, vous l'avez quitté, prétextant d'autres démarches à faire et lui disant même que vous repreniez le train à 6 h. 43.

Vous lui avez dit :

— Au revoir, cher monsieur, au revoir, et merci !... Ne manquez pas, surtout, d'entrer me dire bonjour, quand vous passerez à Missisipi-la-Galette.

— C'est entendu, comptez sur moi, vous a répondu votre ami, en vous ébranlant fortement le métacarpe.

Alors, seul et libre, l'humeur guillerette, vous vous êtes dit.

« Je ne partirai que demain, par le train de midi vingt-sept. — Ce soir, je vais m'amuser un peu. — J'ai le temps de dîner, avec une gentille poulette, de passer une soirée — et une nuit— agréablement — Ma femme n'en saura rien .»

Or, vous venez de quitter votre ami sur le boulevard Bonne-Nouvelle, devant le restaurant Marguery, où vous avez déjeuné.

Il est quatre heures.

Pour passer joyeusement votre temps jusqu'au lendemain matin onze heures, suivez mes conseils et faites ceci :

+Ho+

1" (*4 h. 1/2*).—Allez au *Cinématograph' Théâtre*,

— T'es trop beau, faut que je t'embrasse.
— Mince, alors, combien que ça va me coûter ??

7, boulevard Poissonnière, où le spectacle est charmant.

+Ho+

2° (*5 h. 1/2*). — Asseyez-vous à la terrasse du *Café des Princes*, 10, boulevard Montmartre. De là, le coup d'œil est superbe. Vous voyez le curieux va et vient de milliers de piétons, de milliers de véhicules de toute sorte, et le sempiternel défilé de gentilles petites femmes fort coquettes, — toutes à votre disposition, — j'entends toutes celles qui sont à la recherche du voyageur aimable et... généreux, reconnaissables à leur allure provocante. Il s'en trouve même dans la salle et à la terrasse de ce café, très fréquenté par les dames galantes. Une d'elles vous plaît, vous l'invitez, elle accepte (tu parles!) et vous voilà en train de jacasser.

+Ho+

3° (*7 h.*). — Emmenez votre charmante compagne dîner chez Julien, 3, boulevard des Capucines. Là, vous vous rincerez les amygdales avec des vins délectables, et l'œil avec des frimousses exquises, un grand nombre de jolies femmes dînant dans cet établissement.

+Ho+

4º (*9 h.*) — Si c'est en été, allez-vous-en, — tous deux, — au *Jardin de Paris* (Champs-Elysées). Si c'est l'hiver, allez à *l'Olympia*, 28, boulevard des Capucines.

HoH

5º (*Minuit*). — Allez souper à *l'Abbaye*, place Pigalle, l'un des établissements de Montmartre les plus curieux et où se rencontrent des femmes élégantes et jolies.

HoH

6º (*2 h. du matin*). — Allez vous coucher, chez votre petite amie, dont le logis, sûrement, n'est pas éloigné, et... amusez-vous bien.

HoH

7º (*8 h.*). — Réveil, chocolat, bécots, caresses, extase !

HoH

8º (*9 h. 1/2*). — Habillez-vous, donnez à votre amie un « petit cadeau » le plus gros possible, promettez-lui de revenir bientôt, et allez vous-en.

HoH

9º (*10 h. 1/2*). — Soyez dans votre chambre, à l'hôtel où vous êtes descendu, et mettez en ordre vos paperasses.

Expédiez quelques lettres, jetez un coup d'œil sur les journaux et faites porter au télégraphe cette dépêche à l'adresse de votre femme :

« Chère mignonne, impossibilité partir hier, rentre ce soir. Mille baisers. »

+Ho+

10º (*Midi*). — Prenez un taxi et faites-vous conduire à la gare, — n'oubliez pas votre valise, — installez-vous dans un wagon-restaurant pour déjeuner en route, et quand, à midi 27, le train démarera, dites, sincèrement : « Cher Paris, je te reverrai ! »

+Ho+

Il va de soi qu'à ce programme vous pouvez apporter toutes modifications indiquées par la belle de votre choix ou imposées par vous-même.

Le mieux, pour bien rire et s'amuser à Paris, c'est d'y rester quinze jours au moins. En quelques heures, vous ne pouvez guère faire plus ou mieux que ce que je vous ai conseillé.

N. B. — Pour passer votre temps comme il est dit plus haut, point n'est besoin d'être millionnaire, mais cinq ou six louis ne seront pas de trop. Comptons, à peu près :

Cinématographe.   .   .   .   .   2 fr.
Apéritif.   .   .   .   .   2 fr.
Dîner.   .   .   .   .   ˙   .   12 fr.
Spectacle..   .   .   .   .   12 fr.
Souper-champagne.   .   .   .   .   25 fr.
Fleurs, voitures, pourboires.   .   .   .   .   .   10 fr.
Petit cadeau à votre amie.   .   .   .   .   .   .   5o fr.
____
Total approximatif.   .   .   .   .   .   113 fr.

Il y a mieux, certes, mais c'est plus cher.

Il y a meilleur marché aussi : certaines mari-tornes, pour cinquante francs, resteraient un mois avec vous ! Avec vingt-cinq francs, elles soupe-raient cinquante fois !

Bref, à Paris, il y a du choix.

XVI

Avalanches de Trottins

Un spectacle curieux et charmant, c'est, le matin, le défilé des jeunes filles habitant les faubourgs et se rendant à leur travail, dans le centre de Paris.

Qu'elles sont gracieuses, ces midinettes enjouées, coquettement attiffées, accélérant leurs petits pas pour ne pas arriver en retard, mais bavardant et riant en route, fraîches, alertes, s'en allant trimer, pour deux ou trois francs, jusqu'au soir, et, de leurs petits doigts de fées, accomplir des prodiges d'ingéniosité, de goût et d'art !

Quelques-unes vont par groupes, se racontant mille choses drôles, qui les font rire bruyamment.

D'autres, pensives, moins exhubérantes, — tristes, peut-être, — trottinent seulettes.

Il en est qui, fièrement, marchent au bras de

CONSEIL DE MÈRE

— Gagne de l'argent, ma fi·le, gagne-le honnêtement, mais gagnes-en

leurs amoureux, et ne se gênent pas pour les embrasser longuement, en pleine rue, au nez et à la barbe des passants.

De sept heures et demie à neuf heures du matin, il en passe tant, de toute part, qu'on s'étonne qu'il n'y ait à Paris que trois millions d'habitants.

Si vous tenez à voir ces avalanches de trottins, voici les endroits les plus agréables et les plus typiques :

1º PLACE DE LA RÉPUBLIQUE

            (Angle du Faubourg du Temple);

2º RUE LAFAYETTE (Angle de la rue Cadet);

3º GARE SAINT-LAZARE

            (Angle de la rue d'Amsterdam);

4º EGLISE DE LA TRINITÉ

            (Angle de la rue de Clichy);

5º CARREFOUR CHATEAUDUN

            (Angle de la rue des Martyrs);

6º PORTE SAINT-DENIS

            (Angle de la rue Saint-Denis);

Etc., etc., etc.

Ayant constaté le nombre énorme de prostituées qu'ils avaient rencontrées ici, des voyageurs peu perspicaces ont prétendu, rentrés. chez eux, *qu'à Paris TOUTES les femmes faisaient la noce.*

Eh bien, donnez-vous la peine de vous asseoir à la terrasse d'un café, un matin à huit heures, à l'un des points indiqués, et vous constaterez, vous, que des milliers et des milliers de femmes se lèvent dès patron-minette et se répandent dans les magasins, les ateliers, les bureaux, où elles gagnent péniblement mais honnêtement leur vie, – car vous ne confondrez pas, j'espère, avec une prostituée, la vaillante ouvrière qui passera au bras de son amant : de l'amour au... TRUC, il y a loin !

XVII

QIENS-TU, GHÉRI?

Peut-être serez-vous content, mon cher lecteur, d'apprendre comment les choses se passent quand une raccrocheuse a séduit un passant.

Voilà :

Ygrec se promène, pensant :

« Si je trouve... une aventure dans les prix doux, et si la « typesse » me va, je me l'offrirai. »

Au coin d'une rue, trois prostituées « travaillent ».

Survient Ygrec, flânant.

— Viens-tu, chéri? lui demande la première femme qui l'aperçoit.

Ygrec regarde la « gonzesse » sans s'arrêter et ne répond pas.

Alors, la seconde truqueuse :

— Emmène-moi, tu ne t'embêteras pas.

Elle ne plaît pas à Ygrec, qui continue son chemin.

Il est alors pris par le bras par la troisième « mistonne », qui lui dit, braquant ses yeux — jolis — dans les siens :

— Tu ne viens pas me voir?

Ygrec, plaisantant :

— Te voir? Je te vois bien, là.

— Farceur, reprend la femme, me voir chez moi... t'amuser un moment, quoi!... Viens donc, je serai gentille.

— Combien me prendras-tu ? demande Ygrec.

— Cent sous... Et tu seras content, je t'assure.

— Cent sous! Tu n'as pas peur!

— Quoi! C'est beaucoup?

— Je n'ai que trois francs.

— Eh bien, viens, reprend la femme, tu me donneras un peu plus une autre fois, pas vrai, mon gros?

Et elle file, suivie à trois pas par Ygrec.

Là, tout près, elle entre dans un petit hôtel, où, au premier étage, se trouve la chambre de « passes » appelée « Train de plaisir »; elle s'y enferme avec son « client », après avoir dit à celui-ci :

— Donne vingt sous au garçon pour la chambre, et cinq sous de pourboire.

Le garçon perçoit et se retire.

Alors la femme, minaudant :

LE TROISIÈME SEXE

— De tous les hommes que j'ai connus, c'est encore Claudine
que j'aime le mieux ! ! !

— Fais-moi mon petit cadeau, mon chéri.

Ygrec lui donne deux francs.

— Ah ! non, dit la femme. C'est trois francs que tu as dis que tu me donnerais.

— Eh bien, deux, et vingt-cinq sous que j'ai donnés au garçon d'hôtel, ça fait le compte.

La femme a mis dans sa poche les quarante sous, mais elle réplique :

— La chambre, ça ne me regarde pas... Donne-moi trois « balles » ou je ne marche pas.

— Tu me prends pour une poire, dit Ygrec.

— Non, je t'y laisse, répond la femme.

— Eh bien, alors rends-moi mes deux francs... j'irai ailleurs.

— Tu n'as pas la trouille ! Donne-moi encore vingt ronds, et tu m'auras, si non, fous le camp, mais je ne rends rien, tu peux te fouiller.

Deux minutes, Ygrec réfléchit.

Enfin, ne voulant pas « d'histoire » et désirant cette femme, qui, pour l'exciter, arrange ses jarretelles exprès pour montrer ses gros mollets, il donne vingt sous en grognant :

— Les voilà, mais tu ne m'y reprendras plus.

La femme empoche et, sans se déshabiller, en trois minutes accomplit son exploit.

Puis elle retourne faire psst aux hommes au coin de la rue, tandis qu'Ygrec, regrettant ses

quatre francs cinq sous, rentre chez lui maussade
et mécontent.

Ah ! michés d'occasion, ne soyez donc pas rapias
avec ces femmes, puisqu'elles vous plaisent, et ne
ronchonnez pas, en les quittant, si elles ne vous
ont pas démontré un grand amour.

Espériez-vous donc que, grâce à vos trois francs,
à vos louis ou même à vos billets de cent balles,
vous auriez comme cela, tout de suite, leur âme
avec leur corps ?

Je ne veux pas faire un discours à ce sujet, mais
réfléchissez, vous verrez alors combien vous êtes
grotesques en certaines circonstances.

Même à l'égard d'une prostituée, l'homme doit
être galant, agir avec tact et respect, — c'est une
femme.

XVIII

Dans le Populo

S'il vous plaît de jeter un coup d'œil sur les liesses populaires, de voir les braves « ouverreriers » des faubourgs entrain de se réjouir, de se « la couler douce », allez, un samedi soir, faire un tour à pied

A Montparnasse
(dans la rue de la Gaîté).

C'est là que sont réunis les théâtres, concerts, bals, cafés, où se rassemblent les gens du quartier.

Le spectacle est non moins curieux et instructif pour l'observateur.

A Belleville
(dans la rue de Belleville

AU BOIS DE MEUDON

— Comme on a oublié le dessert, ça le remplacera

où la foule est grouillante, d'une gaieté bruyante et tapageuse.

—⊷○⊶—

Vous ferez également une intéressante promenade

A LA VILLETTE

(dans la rue de Flandre)

Où les ouvrières des raffineries et les « croque-morts », ceux-ci ayant remplacé leurs chapeaux haute-forme vernis par des casquettes, s'offrent de la rigolade à bon compte, trouvant sans doute plus agréables les « pompes de Satan » que les « pompes funèbres ».

—⊷○⊶—

Les blanchisseuses de Boulogne, d'Issy, de Meudon, vont, le lundi, faire la « bombe »

AU POINT-DU-JOUR

(Station du Bateau d'Auteuil)

où sont quelques beuglants, des guinguettes avec balançoires, et des bosquets propices à l'échange de bécots d'amour.

XIX

HORS PARIS

Les environs de Paris, vous l'avez entendu dire mille fois, sont tout à fait charmants.

Il vous plaira probablement d'en visiter quelques-uns, — je vous y engage, — vous ne le regretterez pas.

Dans les localités désignées ci-dessous, vous ne trouverez pas, comme à Paris, des demi-mondaines à chaque pas et dans la plupart des cafés.

Mais, partout, vous verrez des maisons hospitalières, bien reconnaissables, et dont, pour chaque pays, je vous donne les adresses :

FONTAINEBLEAU (S. et-M.)

> *Maison close* : rue Dancourt.

PROVINS (S.-et-M.)

> *Maison close* : boulevard Carnot.

RAMBOUILLET (S.-et-O.)
Maison close : rue de Groussay.

SAINT-DENIS (Seine)
Maison close : Route de la Révolte.

SAINT-GERMAIN-EN-LAYE (S.-et-O.)
Maison close : Cour du Lion d'Argent.

VERSAILLES (S.-et O.)
Maison close : Petite Place.

VINCENNES (Seine)
Maison close : rue de France.

Et ce n'est pas tout, mais, n'étant pas sorcier, je ne puis, dans ce petit livre, citer tous les lieux de plaisir : ils sont trop nombreux.

XX

ᗰENDIGOTS

Ne vous laissez pas apitoyer par ces individus
— hommes et femmes — qui, partout, surtout aux
abords des lieux de plaisirs, vous tendront la main,
en pleurnichant.

Ils sont dépenaillés, sales et sordides, pour vous
inspirer pitié ; mais, neuf sur dix de ces gens-là
ont le gousset bien garni, — l'estomac aussi, —
leur truc étant très rénumérateur.

A ce sujet, M. Cœuille, commissaire de police,
pourrait vous dire qu'il eût à... cueillir, parfois,
des mendiants qui cachaient dans leurs paillasses
des fortunes, — pas seulement relatives, mais de
plusieurs centaines de milliers de francs !

Des fillettes, des garçonnets, vous diront qu'ils
n'ont pas mangé depuis trois jours.

N'en croyez rien et ne leur donnez pas un cen-
time.

Ces enfants, dressés à mendier par d'odieux trafiquants, finiraient par rentrer dans la vie régulière, si l'on cessait — pour leur bien — de leur faire l'aumône.

Il est des individus qui exploitent effrontément la charité publique, se faisant des « journées » de quinze à vingt francs !

Un de ces «mendigots» qui exerce lucrativement depuis une dizaine d'années aux environs du Moulin-Rouge, titubait l'autre jour sur le boulevard de Clichy.

Un passant, qui le connaît bien, l'apostropha :

C'est donc pour vous griser, que vous demandez la charité !... Ne me demandez plus rien, vous êtes un paresseux ! Un sale type!

Alors, gouailleur, le mendiant se mit à chanter cette strophe de Richepin :

> Faut bien du charbon
>   Nom de nom !
> Pour chauffer la machine;
> Au va-nu-pieds qui chine,
>   Sacrebleu !
> Il faut son petit coup de bleu.

XXI

L'Amour au Rabais

Sur un espace de cent mètres environ, là-haut, boulevard de la Chapelle, entre les numéros 62 et 100, vous verrez une dizaine de « bistros » (marchands de vin) — petites boutiques pauvrement installées, mais pleines, tant que dure le jour, de femmes qui, de huit heures du soir à trois heures du matin, se livrent au raccroc dans le quartier.

Si vous passez par là, par curiosité, vous apercevrez, à toutes les devantures de ces « troquets » des figures de femmes, collées aux vitres, qui vous souriront, vous feront de l'œil et des signes de tête disant clairement :

— Entrez donc.

Voulant tout voir et tout savoir, vous entrez où les physionomies vous ont semblé plus sympathiques.

Alors, les six, huit ou dix femmes qui sont là vous entourent et vous disent :

Une grosse blonde, sans corset, aux tétons flasques :

— Qu'est-ce que tu payes, mon gros chéri ?

Une rouquine, gentille, mais outrageusement gouape :

— C'est-il ma viande qui te fait envie ?

Une brune, maquillée (de 45 à 63 ans), ex-jolie fille :

— Monte avec moi, va, tu as bien trois francs.

Une autre, un peu saoûle :

— Tiens, j'te gobe, mon vieux, t'as une bath gueule. Si t'as une thune à m' donner, j'te vas faire ça aux p'tits oignons.

Une autre encore :

— Si t'es pas amoureux, régale-nous, on trinquera à ta santé.

Bref, toutes disent leur mot, jusqu'à ce que vous ayez fait votre choix.

Si vous ne tenez pas à... « monter » selon le mot professionnel, vous ne voulez pas vous en aller ayant bu tout seul, alors vous offrez des consommations.

La grande Estelle demande une mominette au sucre.

Julie-la-Teigne demande un demi-setier de picolo.

AMOUR

Elle. — Voilà les premiers froids : comme nous allons mieux nous aimer !

Lui. — Et toi mieux rapporter ; les michés sont plus en train l'hiver.

Lolotte demande un vieux marc.

Etc., etc.

Vous partez. Si vous entrez à côté, les choses se passeront la même chose, avec d'autres personnes.

Du matin au soir, il en est ainsi, car il faut « s'expliquer » et les michés sont rares.

Dans un de ces bouibouis, en marchandant, vous pouvez obtenir — pour dix minutes — les faveurs d'une de ces dames pour quarante sous, — ce n'est pas cher !

Surtout, soyez galant, aimable, généreux ; ne vous avisez pas de dire des choses désagréables, sans cela vous verriez vous tomber sur le dos un aimable apache, souteneur de la dame offensée, qui vous « flanquerait un de ces gnons !... »

Soyez perspicace !

XXII

FÊTES EN PLEIN AIR

Les principales :

A Montmartre (boulevard Rochechouart), du 4 au 18 novembre.

A la Bastille (boulevard Richard-Lenoir), du 14 au 28 octobre.

Invalides (esplanade des), du 5 au 20 mai.

Belfort (place du lion de), du 23 septembre au 7 octobre. (Quartier Latin.)

14 Juillet (fête nationale du), dans tout Paris, du 12 au 15.

Foire au Jambon (boulevard Richard-Lenoir), la semaine avant Pâques.

Foire au Pain d'épices (place de la Nation), à Pâques et pendant quinze jours.

— C'est-y vrai que tu es t'attaché à l'ambassade du Vatican ?
— Mais oui, et je suis venu à Paris pour le ravalement *des seins.*

Foire de Neuilly (avenue de Neuilly, porte Maillot), du troisième dimanche de juin au premier dimanche de juillet.

Fête des Loges (forêt de Saint-Germain), premier dimanche après le 25 août et pendant dix jours.

Fête de Saint-Cloud (parc de Saint-Cloud), premier dimanche de septembre et pendant cinq semaines.

Le 19 mars, tout le monde rigole, car c'est la Saint-Joseph, fête des cocus, — qui se comptent, à Paris, par milliers.

Il y a peut-être du cynisme à l'avouer, mais à quoi bon nier l'évidence ?

Cocu !

Je le suis, moi, qui écris.

Tu l'es, toi, qui t'en défends.

Il l'est, celui qui ne le croit pas.

Nous le sommes, tous, sans exception.

Vous l'êtes, vous, qui me lisez.

Ils le sont, les puritains que ce mot fait rougir, oui, ils le sont !

Mais, rions-en, la vie est courte !

XXIII

FIACRES

Naguère, on disait :

« Prendre un sapin ».

Aujourd'hui, ce vocable est devenu désuet et l'on dit, au lieu de fiacre ou de sapin : Taxi.

Peut-être saviez-vous déjà que, parmi les automédons parisiens, se trouvaient pas mal d'anciens notaires, d'anciens banquiers, des nobles ruinés, des défroqués.

A présent que nous avons des cochères, nous verrons, dans quelque temps, conduisant cocotte, Bob ou P'tit-Gris, d'anciennes écuyères, d'anciennes étoiles de Music-Hall, d'anciennes grandes demi-mondaines vieillies ou ruinées.

Déjà, sur quatre cochères, une fut très authentiquement comtesse du Pin de la Guérivière. Aujourd'hui, elle s'appelle Mme Lutgen et conduit pour le compte du loueur Valentin, rue Forest.

TARIF DES FIACRES

La course de jour. .   .   .   .   .   .   1 fr. 5o
L'heure   »   .   .   .   .   .   .   2 fr.
La course de nuit. .   .   .   .   2 fr. 25
L'heure   »   .   .   .   .   .   2 fr. 5o

TAXI
(fiacre avec taximètre)

Le jour :

0.75 centimes pour 1.200 mètres.

0.10   —   pour chaque 400 mètres en plus.

La nuit : même tarif, avec supplément de o fr. 5o centimes par heure ou course.

Si vous vous faites conduire hors Paris, vous devrez payer une indemnité de retour fixée à 1 franc.

Le pourboire est en plus, et, bien qu'il soit facultatif, je vous engage à ne pas l'oublier, car la grimace que ferait votre cocher.—mâle ou femelle— ne serait pas agréable à voir.

XXIV

AUTRECHOSOLOGIE [1]

Horrible !

Chez Jeanne P..., trois de ses amies étaient réunies et jacassaient.

J'étais venu là en *reporter* et ma présence n'empêcha aucune des quatre cocodettes de dire franchement sa façon de penser.

Soleilland, l'assassin de la petite Marthe, était *sur le tapis.*

— On devrait, dit Jeanne, couper... ce que je pense à tous les satyres qu'on arrête.

— Pour sûr, appuya Bertha, et les mettre en mille morceaux.

— Passe encore pour le viol, opina Juliette, mais tuer ! Faut-il être charogne ! N'est-ce pas, monsieur ?

— Certes, dis-je.

— Moi, je les brûlerais vivants, des salauds

____

(1) Je ne suis pas assez malin pour avoir trouvé ce joli mot. Il est de Mme de Sévigné.

comme ça, dit à son tour Yvonne, puis elle se mit
à chanter ce couplet d'une chanson de circonstance,
de Valentin Pannetier :

> Parents, ne confiez jamais vos enfants,
> Soyez jaloux de leurs caresses,
> Gardez près de vous ces êtres charmants,
> On paie bien cher une faiblesse !
> Le vil séducteur trouve trop souvent
> Une proie facile auprès des fillettes,
> Pour en abuser criminellement
> Comme Soleilland fit de la pauvrette.

— Oh ! reprit Bertha, ce n'est pas toujours un
étranger qui fait le coup.

— Alors, c'est encore pire, dit Jeanne, un pa-
rent ! faut qu'il soit bougrement chameau !

Bertha ajouta :

— Moi, c'est mon grand-père...

— Qui t'a tuée, dit en riant Yvonne.

— Il ne m'a pas tuée, mais il m'a... fait autre
chose.

— Tu blagues ? demanda Jeanne.

— Si c'est vrai, dis-je à Bartha, racontez-nous
donc cette histoire, elle m'intéressera énormément.

Alors, d'un ton très sincère :

— Je ne ris pas du tout, dit-elle, et voilà comment c'est venu (*sic*). Ma mère étant morte, papa
vivait avec une femme, — assez jolie, mais
teigne, la garce, à vous dégoûter, — alors elle

m'engueulait pour un oui pour un nom, et je recevais des taloches, en veux-tu ? en voilà ! A la fin, papa dit à sa mistonne, — c'est Lucy qu'on l'appelait : — Puisque tu ne t'entends pas avec la gosse, je ne veux pas de chichis ; je vais l'emmener à Vanves, chez son grand-père, le vieux s'occupera d'elle, elle ira à l'école, là-bas, tu ne la verras plus et j'aurai la paix. Me voilà donc à Vanves, chez grand-père. Le premier jour, ça va bien ; je boulotte, — c'est le vieux qui fricottait, puisqu'il était veuf et vivait tout seul dans une bicoque, — puis je me couche, dans un petit lit, dans la même chambre que grand-père. Le deuxième soir, j'étais couchée, il faisait froid et je toussais, alors grand-père me dit : « Tu as froid, Bertha? » Oh! oui, que je réponds, je grelotte. « Eh bien, me dit alors grand-père, viens te coucher à côté de moi, tu auras plus chaud. » Naturellement, gosse que j'étais, je ne pensais à rien. Me voilà donc couchée avec grand-père,..

— Vieux cochon ! interrompit Jeanne.

Bertha reprit :

— Laisse-moi finir... Alors, je le sens qui se serre contre moi, j'étais contente, j'avais chaud. Mais tout à coup, il me prend la main, et... vous comprenez !

— Quel salaud ! dit Yvonne.

— C'est tout? demanda Jeanne.

— Pour ce jour-là, oui ; mais tous les soirs c'était

le même fourbi, et je n'osais rien dire, ça me dégoûtait pourtant.

Je demandai :

— Quel âge aviez-vous, à cette époque?

Bertha, carrément, répondit :

— Onze ans, pas plus.

Et Yvonne :

— Et ce truc-là a duré longtemps?

— Quatre mois, dit Bertha, puis je me suis sauvée un jour qu'il avait voulu que... je l'embrasse d'une drôle de façon, et j'ai tout dit à papa, qui m'a gardée avec lui et qui est allé tout de suite à Vanves engueuler le vieux.

— Il aurait dû le faire coffrer! dit Jeanne.

— Il a eu pitié, reprit Bertha, mais il est resté près de deux ans sans le voir, après ce coup-là.

— Et la belle-mère, elle a dû faire un nez?...

— Tu parles! C'est pour ça que papa m'a mise en pension à demeure. Moi, je ne l'ai jamais revu, mon grand-père, il est claqué pendant que j'étais chez les sœurs, dans l'Oise.

— Ce cochon là t'aurait peut-être coupé le quiqui, un jour!

— Ça se peut bien.

Là-dessus, chacun fit sa réflexion, et je me retirai après avoir déclaré à Bertha :

— Pauvre petite! Votre aïeul pratiquait bien ma « l'art d'être grand-père ».

XXV

L'Amour a l'Eglise

Un fou sadique viole et tue une petite fille de douze ans.

L'affaire fait un bruit énorme ; tous les journaux publient de longs articles consacrés au *Crime de Charonne* ; les mères tremblent, mais... les petites filles n'ont pas peur !

Au moment même où tout le monde s'entretient de l'assassinat de la petite Marthe Erbelding, une gentillette parisienne de treize ans se sauve de chez ses parents, s'en va muser dans les rues, acclame les masques du Mardi-Gras et fait bon accueil à un monsieur qui l'accoste, lui offre le souper, le gîte et le reste.

Les parents de la gosse, affolés, la cherchent et la font chercher partout.

— On nous l'a tuée aussi, disent ces braves gens dans leur désespoir.

Or, on retrouve la petite... dans le lit du sacristain de la première église catholique, apostolique et française !

Ce sacristain, il est vrai, n'est pas un vieux grigou, mais un éphèbe blond, — et frisé, je crois, — protégé de Mgr Villatte.

Il est fort probable qu'en sortant, à vingt et un ans, de la maison de correction où ses parents l'ont placée, la précoce gamine aura perdu le goût de l'homme, qui lui fit fuir le foyer paternel, mais vaudra t-elle mieux ? Je ne le crois pas, car dans ces maisons, les fillettes contractent des habitudes hors nature, et, sortant de là, sont des lesbiennes enragées.

En fin de compte, il est tout de même préférable de retrouver sa fille dans le lit d'un enfant de chœur, qu'emballée dans de la toile grossière et déposée comme un vulgaire colis à la consigne de la gare de l'Est.

Elles sont terribles, ces gosses !

XXVI

Mots Doux et Caresses

—— ——

L'autre jour, j'étais assis à la terrasse d'un café montmartrois.

A une table voisine, une grande brune, assez jolie, était seule et se régalait d'un pernod sucre.

Vint à passer la môme Sans-Tiffes, — surnommée ainsi parce qu'elle porte les cheveux courts,— qui, apercevant l'autre, vint se camper devant elle et l'apostropha :

— Ah ! te v'la, salope !

— Oui, me v'la, répliqua la grande, qu'est-c' que tu m' veux ?

— C' que j' te veux ? T'en as un culot ?

— C'est toi, qu'en as du culot ! Qu'est-c' que t'as à gueuler ?

— C' que j'ai, hé, sale peau, tu l' sais bien... Et mes fringues ?

— Est-c' que je m'occupe de tes nippes, moi ?

— Étrennez-moi, ma belle dame, ça vous portera peut-être
bonheur aussi.

— Tu n' t'en occupes pas, bougre de vache, quand tu m' les barbottes ?

— Moi, j' t'ai barbotté quelque chose ?

— Tu vas p' t'être dire qu' tu n' m'as pas pris deux jupons, un corsage, mon pépin...

— Puis, quoi, encore ?

— Tu t' fous d' moi, salop'rie ! Oui, t'es une voleuse !

— Oh ! ferme ça, t'auras une frite !

— C'est mes affaires que j' veux, sans ça...

— De quoi ? Qué qu' tu f'rais, sale poch'tée ?

— Tu vas bien l' voir, vieux fourneau !

— Oh ! la la ! r'gardez-moi c' c...-là qui veut crâner !

— C'est toi qui crânes, toi qu'a rien à t' foute sur l' cul, toi qui voles les copines à l'hôtel !

— Tu m' fais ch... ! Si tu n' la ferme pas, je te vas murer, moi, toupie !...

A ces mots, la môme Sans-Tiffes s'empara du verre contenant encore de l'absinthe et le lança à la figure de la grande, toujours assise.

Alors, cette dernière, au paroxysme de la colère, d'un mouvement brusque, sauta sur Sans Tiffes et se mit à la bourrer de coups de poing.

— Tiens, vache, criait-elle, ça t'apprendra à emm... le monde. Tiens, écope, sale gonzesse !

Sans-Tiffes, moins forte, reçut les coups et n'en donna guère, mais elle se débattit et cria tant, qu'en une minute, cinquante personnes furent rassemblées là, qui riaient et blaguaient.

Le gérant et un garçon du café voulurent faire cesser ce scandale, mais n'y parvinrent pas.

La bataille continua de plus belle, mais deux « sergots » arrivèrent qui mirent fin au pugilat et emmenèrent les deux forcenées au commissariat.

En route, elles continuèrent de s'invectiver et les agents eurent beaucoup de mal à les empêcher de se battre encore.

J'ignore quel fut leur sort ensuite, mais en ce temps de démoralisation, j'ai tenu, en reproduisant leurs paroles, à vous prouver que... l'exquise politesse et l'aménité ne sont pas inconnues place Pigalle !!!

XXVII

CHANSON D'APACHE

Nos aimables apaches ne sont pas seulement cambrioleurs, souteneurs et assassins : ils se piquent de littérature et composent, — à leur façon, — des couplets tristes ou rigolos.

Voici un spécimen, copié textuellement dans le recueil des œuvres — inédites — d'un *mec* de la Courtille.

Cette élucubration est intitulée : *Ma bath môme,* et se chante sur l'air de : *Charme d'amour.*

L'auteur ne respecte pas plus les règles de la prosodie que la propriété d'autrui.

Son orthographe est d'un fantaisiste échevelé, jugez-en, voici le morceau :

> Ma mome c'est la plus gironde
> Des gonzesse de tous Paris,
> Je suis son nonomme chéri,
> Car elle aime pas tous le monde
> Et j'aime sa tignace blonde.

> Tous les soir au cler de la lune,
> En turbinant sur le trotoir,
> Elle me dit en me fesant voir
> Quelle afurre deux ou trois thune,
> Bébé je te ferez fortune.
>
> Quand on est tous les deux au plume,
> Je lui en fou tant quelle en veux,
> Et moi aussi je suis heureux
> Alors je rigole et je fume,
> Après la rouscaillade au plume.
>
> Mais si un jour Julia me plaque
> Pour se mettre avec un potot,
> Je lui planterez dans le dos
> Mon lingue et je ferez des flaque
> De sang en lui foutan des claque !

Voilà du lyrisme, qu'en dites-vous? Et cette poésie n'est-elle pas un véritable joyau capable de... remporter le prix Sully-Prudhomme!

Autre petit bijou du même ciseleur... de rimes (?) :

> Quand je suis fauché, quand c'est la pure,
> Quand en fouille j'ai pas un rond,
> Si je peut pas prendre ma biture
> A ma gonzesse c'est nature
> Je cogne dans le citron.

Ah ! Qu'on ne me parle plus de Lamartine : les vers de Fil-de-Soie sont trop beaux !

XXVIII

GUIGNE-A-GAUCHE

Ernest R... n'a que dix-neuf ans, mais quel bandit, déjà!

Il louche légèrement et ses « aminches » l'ont surnommé Guigne-à-Gauche.

Il était apprenti mécanicien chez un fabricant de bicyclettes, quand il se mit à fréquenter des souteneurs et des filles publiques.

Gentil garçon, dégourdi, il plut à une retapeuse ayant seize ans de plus que lui, qui sut l'entortiller et, par des caresses raffinées et des dons d'argent, se l'attacher complètement.

Cette femme, — la grosse Nana de Ménilmuche, — lisez : Anna (de Ménilmontant) ne se couchant guère avant trois ou quatre heures du matin, ne sortait du lit qu'à midi, et même plus tard.

Guigne-à-Gauche s'en allait travailler avant huit heures, et, son atelier n'étant pas dans le quartier, ne revenait que le soir, ayant déjeuné dehors.

Un jour, la grosse Nana se dit que ce n'était pas la peine, pour ce qu'il gagnait, de se priver de la présence de « son homme », qu'elle était si heureuse de voir là, près d'elle dans le « plumard ».

Quand il rentra, elle lui dit :

— Mon coco, écoute, je meurs d'ennui toute seule ; je ne veux plus que tu ailles travailler ; tu resteras au lit avec moi, nous rigolerons, et tu iras te balader avec tes copains ; je ferai assez de pognon pour nous deux.

Naturellement, Guigne-à-Gauche fut enchanté d'abandonner le « turbin ».

Mais, Nana ne faisant pas tous les jours le maximum, son « petit nonomme » se mit à voler.

La nuit, il attaquait les passants attardés, leur flanquait des coups et les dévalisait.

D'autres fois, il s'introduisait dans des appartements qu'il cambriolait.

Pris plusieurs fois en flagrant délit, il fut condamné pour « vagabondage spécial et vols avec effractions ».

Aujourd'hui, relégué, il est à la Guyane, où lui parviennent de temps à autre de nouvelles des Nana, par d'anciens amis relégués à leur tour.

Celle-ci, pour se consoler, a pris un autre amant, encore plus jeune et non moins criminel.

C'est le cinquième jeune homme que cette Messaline du trottoir détourne de l'atelier pour en faire un malfaiteur !

La pièce de cent sous et les baisers d'une vieille hétaïre sont plus forts que les exhortations d'une mère honnête !

XXIX

CHARLOTTE

Quand elle étaitgentille et boulotte, on l'appelait Lolotte.

Aujourd'hui, on l'appelle la vieille Charlotte, tout court.

Elle est née en 1826 !

Vous ne le croyez pas, c'est vrai pourtant !

Depuis 1843, elle vit de la prostitution, mais elle n'a jamais été « fille soumise », ne s'étant jamais fait pincer... par la police, — c'est, du moins, ce qu'elle m'a affirmé.

Grande, maigre, proprement vêtue, toujours coiffée d'un chapeau décent, avec voilette, elle se promène, n'importe où, et trouve le moyen, à quatre-vingts ans et plus, de vivre du trafic de... ses charmes !

Solide, — elle n'a jamais été malade, — elle trotte dans Paris, l'air convenable, de trois heures après midi à trois heures du matin !

Depuis 27 ans, elle habite une petite chambre dans une maison fort correcte où elle ne reçoit jamais personne, et où nul ne soupçonne son genre de vie.

Ses « amateurs » l'emmènent chez eux ou à l'hôtel, et ils sont encore assez nombreux, puisqu'elle vivotte, — chichement, il est vrai, elle l'avoue, mais sans tristesse.

— J'ai passé ma vie sur le Trottoir, dit-elle, je veux y crever.

Et elle conte, avec volubilité, ses aventures de jeunesse, ses amours, ses splendeurs.

Son langage est celui d'une vieille personne comme il faut et même cultivée. Elle a l'air d'une ancienne institutrice !...

Or, elle vint de la campagne et fut petite bonne pendant quelques années, puis, à dix-sept ou dix-huit ans, elle se lança, très belle fille, affirme-t-elle, « dans la vie cascadeuse », — c'est son mot.

Voici comment je la connus :

Passant, après minuit, rue Baudin, (square Montholon) je fus accosté par une dame âgée, qui me demanda :

— La rue Bleue, s'il vous plaît ?

J'allais lui en indiquer le chemin, mais Charlotte me pinçant le bras, m'interrompit :

— Tu as l'air rigolo, mon petit, je t'emmène, veux-tu ?

Interloqué, à cause de son grand âge, je répliquai :

CRI DU CŒUR

— Mon protecteur qui vient de se suicider, et juste un 13.
Pourvu qu'il ne m'arrive rien de fâcheux !

— Vous m'emmenez, où donc ?

Et elle répondit :

— Oh ! pas chez moi, — jamais ! — chez toi, — ou à l'hôtel.

Brutalement, je lui dis :

— Vous faites le truc ?

— Oui, mon petit, depuis soixante-quatre ans !.. Je connais mon affaire, va !

— Je le crois, dis-je, mais... je... n'ai pas le temps.

— Tu ne veux pas d'un vieux tableau, reprit-elle, mais sois gentil, il fait froid, offre-moi un café.

C'était, pour moi, l'occasion d'enregistrer un document, je la saisis au vol et emmenai la vieille dans un petit café, rue Lafayette.

Là elle me conta...ce que vous avez lu plus haut et me promis mille délices si je l'emmenais, mais je fus incorruptible et je ne puis rien dire de ses talents.

Au moment où je la quittais, elle me dit encore :

— Je t'assure, mon petit, que je n'ai jamais fait de mal à personne, — au contraire, – eh bien, est-ce que je ne devrais pas avoir droit à une retraite, à mon âge ?... Un gendarme vit de ses rentes à quarante cinq ans, c'est dégoûtant !... Enfin, tant qu'il y aura des hommes au monde, j'espère manger du pain !..

Pauvre Charlotte ! Ce qu'elle mangera, bientôt, ce sera du pissenlit... par la racine.

XXX

Miss Agnès

Pendant la guerre, en Mandchourie, il y avait, à Mouckden, une demi-mondaine, — miss Agnès, — fort jol e fille, qui, étant absolument seule, ne craignait pas la concurrence, exigeait la forte somme, et empocha, en trois mois, cent soixante quinze mille roubles, — ou sept cent mille francs !

Entre deux assauts, des officiers, des soldats, accouraient, voulant, avant de mourir, recevoir la caresse d'une femme, — ils la paya'ent cher, sans sourciller, — trouvant dans son sourire une suprême consolation.

Que de héros — connus ou obscurs, — Agnès embrassa et soulagea... du poids gênant d'un gros tas de roubles !

Combien de Russes poilus et de Japonais imberbes ont dit à Agnès, après l'étreinte : « Au revoir, chérie, » qui furent tués l'heure suivante !

Sept cent mille francs ! que de... bécots représente cette fortune, amassée en quatre-vingt-dix jours !

Au nombre des vaillants qui s'illustrèrent à Mouckden, Agnès a mérité de figurer au premier rang, car aller si loin donner à des guerriers, au son du canon, une ultime joie, c'est, vraiment, accomplir une action héroïque !

Que vous êtes « pâles » à côté d'Agnès, ô vous, mignonnes, mais paresseuses cocodettes, qui dénichez commodément le miché à cinq louis autour d'un orchestre de tziganes, à cent mètres de votre boudoir !

Quelle différence ! Le son agréable de la matchiche vous chatouille les oreilles, tandis que la mitraille écorchait le tympan d'Agnès. — Mais son nom est immortel !

J'aime à croire qu'on lui a au moins donné les palmes académiques.

Je demande qu'en lettres d'or — grandes capitales — son nom soit inscrit au Livre — de même métal — des dames galantes, et je vous informe, mon cher lecteur, que mon éminent confrère, Ludovic Naudeau, du « *Journal* » vous confirmerait cette histoire, si vous ne me croyiez pas, — puisque c'est lui-même qui, de Mouckden, où il était correspondant de guerre, l'envoya à Paris, — avec la photographie de miss Agnès.

Sept cent mille francs !

Je n'en reviens pas ! Elle a gagné, en trois mois de .. travail, de quoi se reposer jusqu'à la fin de ses jours.

Allons, soldates du Bataillon de Cythère, qui veut battre ce record ?

XXXI

VIEUX GARÇONS

On ne parle que d'impôts nouveaux :

Impôts sur les célibataires.

Impôts sur les pianos.

Un de nos édiles parisiens me disait l'autre jour :

— Il est question d'imposer les cannes, les binocles, les réticules, etc.

Je suppose que ce Conseiller municipal — qui est jovial — a voulu rire, mais, en fin de compte, qu'y aurait-il d'étonnant à ce que ce fût vrai ?

Célibataires, mes frères, gare à nous !

Si nous ne prenons femme, nous casquerons « cher », en admettant que la France imite la République Argentine, où les choses se passent ainsi :

Dès qu'un citoyen arrive à l'âge de 20 ans, il est considéré comme susceptible de contracter mariage et doit payer un impôt mensuel de 25 francs jusqu'à 30 ans.

L'impôt est porté au double pour les cinq années qui suivent.

De 35 à 50 ans, le célibataire paye 100 francs et de 50 à 75 ans, 150 francs par mois.

A partir de 75 ans, l'impôt tombe à 50 francs.

A 80 ans, il est totalement supprimé.

Tout veuf qui ne se remarie pas dans un délai de trois ans, recommence à payer l'impôt.

Sont exempts de l'impôt ceux qui peuvent établir qu'ils ont demandé trois fois, dans la même année, des filles en mariage et que leurs avances ont été repoussées.

Hé! hé! il me semble que cette dernière clause, heureusement, permet de frauder.

O France! n'imite pas les Argentins!

XXXII

L'Éloge de la Cocotte

Par un vieux Marcheur

On peut leur flanquer des tas de couronnes,
Je m'fich' des rosièr' et de leur vertu ;
J'me moqu' des bourgeois' et mêm' des baronnes,
J'aim' mieux la Cocotte au p'tit nez pointu.

R'gardez-moi l'allur' d'un' femm' saint'-nitouche,
Ça march' dans la bou' pour n' pas s' retrousser !
Ça n'a pas un mot drôle dans la bouche
Et si j'fum' près d'ell' ça la fait tousser !

Tandis qu' la Cocott' fait voir sa jarr'telle,
En d'sous d' ses jupons on ne voit rien d' laid ;
Elle enl'v'rait plutôt tout c' qu'elle a sur elle
Pour que les passants voient mieux son mollet !

La Cocotte est chic, elle est élégante,
Son corps est soigné du bas jusqu'en haut ;
C' n'est pas un' momi', très extravagante,
Ell' sait bien mieux rir' qu'un' femm' comme il faut.

— Zut ! je m'habille, j'ai assez travaillé !

Ah ! que c'est gentil, un' petit' Cocotte
Qui sent bon tout l' temps, qui se fourr' partout
Des parfums troublants ! Moi, ça m'asticotte
Et près d'un' Cocott' j'me sens devenir fou !

Un' Cocott' c'est gai, ça rit et ça chante,
Ça n' raccommod' pas de vieill' pair' de bas ;
Tandis qu'en ménag' la femme est méchante
Et par ses sottis' cause un tas d' branl'-bas.

La Cocott', c'est chic, quand ell' fait un gosse
Ne vient pas nous dir' qu' c'est nous les papas ;
Avec elle on peut s'en payer un' bosse,
Sa progénitur' ne nous r'garde pas.

Et puis, c'est pas tout, quand un' ménagère
Dit : « Laiss'-moi tranquill', j'ai besoin d' dormir, »
La Cocott', ardent', polissonn', légère,
Pense cinq ou six fois à... se réjouir.

R'gardez un' bourgeois', c'est plein d'avarice,
Ça cach' vot' argent au fond d'un tiroir,
Tandis qu' la Cocotte a de la malice
Et dépens' cent francs du matin au soir !

La Cocotte, enfin, est pleine de charmes,
Et c'est ell' qui rend Paris si plaisant ;
Quand ell' passe, on d'vrait présenter les armes,
Ell' rendrait l' salut, ça s'rait amusant.

La Cocott' du jour prétend qu'elle est marle
Et gagn' beaucoup plus que cell' d'autrefois ;
Je l' sais bien, parbleu ! Moi, qui vous en parle,
Je fus entôlé déjà quatorz' fois !

TABLE DES MATIÈRES

Voir ci-contre le **Catalogue.**

Imprimerie De Porter, 39, quai des Grands-Augustins, Paris.

❋ CATALOGUE ❋

Des Ouvrages en Vente

Chez DE PORTER

39, Quai des Grands-Augustins, PARIS

Tableau de l'Amour Charnel

SES EXTASES
SES TARES
SES VICES
SES DÉMENCES
SES TURPITUDES
ET SES CRIMES

*Un magnifique volume
suggestivement
illustré de 21 planches
originales*

Œuvre unique et sen-
sationnelle, ce tableau
des frissons et des
vices de la passion sen-
suelle est sans précédent
dans l'histoire des
mœurs. En des cha-
pitres décisifs, inou-
bliables, l'auteur évoque, sans fard ni réticences, tout ce
que la dépravation déchaînée peut créer de fantasque et de
bizarre... Toutes les formes de la débauche y sont dévoi-
lées : Azoophilie, Tribadie, Sodomie, Messes Noires, Nécro-
philie, etc., y palpitent en vigueur. Ce livre contient, en
ses 364 pages de lecture compacte, tout ce que l'imagination
humaine a pu enfanter pour l'assouvissement de ses goûts
les plus purs comme les plus dépravés.
  Ce curieux ouvrage est absolument inédit.

Prix : 4 francs

Bréviaire de l'Amour
dans le Mariage

Cette œuvre sans précédente dévoile, d'une manière vibrante et profondément érudite, les plaisirs et les joies de l'Amour dans l'Hymen :

LA MAGIE DU BAISER !
LE SECRET DES CARESSES !

y sont décrits dans toute leur troublante magnificence. Les mystères de la génération et de la volupté y sont présentés avec force détails, jusqu'à ce jour non révélés.

Orné de nombreux et suggestifs dessins relatifs à la passion charnelle, ce livre est assurément l'Encyclopédie par excellence des félicités exquises de l'Amour conjugal, indispensable à tous ceux qui aiment le plaisir dans ses variations les plus voluptueuses.

Envoi franco, clos et discret sous pli spécial
contre mandat de **4** francs.

ÉCOLE D'AMOUR

L'ART D'AIMER
Par le Dr JAF

Ce livre évoque clairement, avec force détails, le **Tableau vivant** des caresses et des étreintes les plus grisantes de l'amour à deux, sous la loi frissonnante de l'âme éprise de tendresse bienheureuse. Il est le Guide complet de toutes les voluptés extatiques du cœur et de la chair. Les désirs troublants de la sensualité et les mystères ravissants y sont tracés d'une main berceuse et légère, sincère et gauloise. **Un Trésor** sans pareil des pratiques savantes et des recettes de la plus haute efficacité en matière amoureuse y est énuméré pour la joie de tous les amants vrais, que hante l'idée noble de la conquête, par tous les moyens connus, du bonheur divin résultant de la vie sexuelle bien comprise.

Un magnifique volume, contenant vingt-deux planches extra-curieuses sous couverture en couleurs.

Prix : 3 fr. 50

Curiosités et Excentricités passionnelles

Cet ouvrage ultra-curieux, pittoresque et unique dans son genre, révèle au lecteur, tour à tour surpris et terrifié, les **Lois secrètes de la passion charnelle**, les particularités singulières de l'existence sexuelle et les pires débauches de la lubricité vénérienne. Il est, selon le mot d'un critique :

L'Eden des Joies et l'Enfer du Crime

L'Amour et ses pratiques intimes et mystérieuses DANS TOUS LES PAYS DU MONDE, de l'alcôve parisienne au YOSHIWARA des Japonais, y sont dévoilés dans toute leur vérité nature et lascive. Les dépravations les plus monstrueuses y sont représentées. Nulle particularité excentrique n'a été omise, chaque curiosité est mise en son rang, de l'étude du Culte priapique aux merveilles érotiques du **Musée privé de Naples**, des perversités du confessionnal aux Ceintures de chasteté de tous genres. L'amour morbide et ses manifestations étranges, les comédies et les drames terribles et stupéfiants de la chair en folie s'y étalent en souplesse et en vigueur.

Ce livre sans précédent demeurera le **Vade Mecum** des curieux de l'amour sous toutes ses formes, de la plus simple à la plus infâme, en traversant la gamme des raffinements sans nombre qu'inventa l'homme afin d'assouvir son penchant pour les ruts harmoniques, sauvages et sanguinaires.

Un superbe volume, enrichi, hors texte, de vingt-deux illustrations sensationnelles.

L'ORGIE PARISIENNE

Par l'humoriste Victor LECA

Cet ouvrage d'un réalisme absolu, n'a pas de similaire.

Les Parisiens ignorants de la vie amoureuse, les provinciaux et les étrangers, trouveront un aliment pour leurs plus vives curiosités, ce qui leur évitera des démarches, forcément infructueuses, puisqu'ils ne connaissent qu'imparfaitement les lieux où se déroulent principalement les faits étranges relatés par l'auteur. C'est Tout Paris dans la Rue et Tout Paris que l'on aura en poche avec ce livre, le **Paris jouisseur, amoureux, débauché.**

Amours de « gosses », amours de vieux, faux amour, truc de prostituées, pierreuses et grandes cocottes, vieux-marcheurs, satyres, pédérastes, souteneurs, etc., etc. Revue complète et originale du monde interlope. Observations critiques et satiriques inabordées jusqu'à ce jour. Très curieux et nombreux dessins du plus pur réalisme.

Un fort volume de luxe : **3 fr. 50**, franco

AMOUR ET SÉCURITÉ, par le Dr BRENNUS, Ouvrage poursuivi en Cour d'Assises, à Paris, le 29 août 1895. Cinquantième édition, revue et corrigée, augmentée de la Procréation volontaire des sexes et de la Fécondation artificielle . **3 fr. 50**

L'ACTE BREF. *Traité de l'incontinence spamodique.* La finale prématurée du plaisir est une déception préjudiciable à l'harmonie conjugale dont voici le remède. Retarder à volonté la terminaison du plaisir, c'est en goûter plus longtemps les délices. Le moyen d'y parvenir pour la première fois est enseigné dans ce livre sans précédent. . . **5 fr.**

PHYSIOLOGIE DU VICE. Son histoire à travers les âges, par le D^r JAF. Un très curieux volume instructif.. **3 fr. 50**

LES AMOURS DÉFENDUES

Par Victor JOZE et J. COMPOINT

Cette œuvre passionnelle est une étude de psychologie féminine que nous recommandons tout spécialement à notre clientèle. C'est un troublant roman de mœurs. dont la lecture charme, émeut et procure une véritable satisfaction. Le talentueux artiste qu'est Lubin de Beauvais a orné ce volume de superbes hors textes qui en font un livre de grand luxe. Couverture en trois couleurs.

Un très beau volume : **3 fr. 50**

LES MODES ET L'ÉLÉGANCE

(ÉVANGILE PROFANE — RITE FÉMININ)

Par Mᵐᵉ la Comtesse de TRAMAR

Encyclopédie des Modes anciennes et actuelles, cet ouvrage est un trésor pour la femme du monde soucieuse d'élégance, et qui, pour être impeccablement au courant des goûts du jour, doit connaître aussi ceux d'autrefois, afin de comparer, d'améliorer, d'affiner. Ce livre est indispensable aux personnes de bon ton, qu'il documentera et mettra à même de parler savamment des choses de la Mode, cette inconstante déesse, selon Voltaire. — Métivet, Fau, Morin, ces maîtres du dessin, ont orné d'illustrations nombreuses cet ouvrage remarquable, qui contient, en outre, 23 gravures en couleurs, hors-texte.

Le volume de 500 pages : **3 fr. 50**. Franco : **4 fr.**

GUIDE SECRET

Ce Livre est incomparable !

PARIS-NOCEUR

Par LEVIC-TORCA

Les Maisons de Rendez-vous sont des antres mystérieux où ne pénètre pas qui veut. Cinq ou six seulement, étant tolérées, sont plus ou moins connues. Mais les clandestines, très nombreuses, **Théâtres d'Orgies Fantastiques**, sont généralement ignorées.

L'auteur de Paris-Noceur, que ses incessantes investigations conduisent journellement dans les plus secrets Boudoirs de l'amour et de la débauche, donne les adresses de ces Maisons de rendez-vous cachées, et dévoile les scènes, originales ou monstrueuses, qui s'y passent chaque jour entre gens aux passions étranges, aux goûts dénaturés. — Tout ce qui a trait à la galanterie, tout ce qu'on en ignore, est vulgarisé dans Paris-Noceur, ouvrage d'une unique documentation et d'un réalisme insoupçonné. La Prostitution, la Police des Mœurs, la Traite des Blanches, etc., etc , sont expliquées avec le plus grand souci de scrupuleuse vérité. — Une importante partie de cet ouvrage incomparable est consacrée aux plaisirs parisiens (du Jour et de la Nuit). C'est le guide par excellence, absolument complet et, sans conteste, le chef-d'œuvre du genre.—L'auteur, qui est un humoriste à tout crin, communique au lecteur sa joie inaltérable et sa franche gaîté. Lire Paris-Noceur, c'est donc à la fois se renseigner, s'instruire et rire. — Les plus jolies femmes de Paris sont photographiées d'après nature dans ce livre merveilleux, qui contient aussi le portrait de l'auteur.

Nombreuses illustrations de Léon ROZE.

Prix : 3 fr. 50, franco : 4 fr.

PARIS-FÊTARD

LA CEINTURE DE CHASTETÉ

SON HISTOIRE

SON EMPLOI AUTREFOIS ET AUJOURD'HUI

Par le Dr CAUFEYNON

Nombreuses et superbes gravures hors texte, dessins
et photographies d'apres nature

Prix : **5** francs

Cet ouvrage, absolument unique, a été écrit tout
entier d'après des documents authentiques, l'auteur
ayant à sa disposition une collection complète de
cadenas et de *ceintures de chasteté*.

Des recherches nombreuses dans tous les musées
de France et de l'Étranger, ainsi que dans les
bibliothèques, lui ont permis d'étudier et de comparer ces singuliers appareils dans leur fabrication,
d'en établir l'histoire, et de mettre au point les
légendes et les récits fantaisistes publiés jusqu'à ce
jour.

L'auteur, dans un chapitre particulièrement curieux, prouve, avec pièces à l'appui, que la *séques-
tration partielle* est encore en usage **de nos jours**,
et reproduit des documents de procédure, des lettres
de fabricants, des prospectus, qui jettent un jour
particulier sur cette question troublante.

Enfin, de superbes gravures, reproduisant des
dessins et des photographies *d'après nature*, mon-
trent en place la série complète des appareils que
l'auteur a eue à sa disposition.

Cet ouvrage, tiré sur beau papier, avec gravures
hors texte, constitue un véritable volume de collec-
tionneur.

Dʳˢ JAF et CAUFEYNON

Sécurité des deux Sexes

EN AMOUR

« Être pur pour être fort...
Être fort pour être fécond. »

« Aux riches qui peuvent dépenser sans calculer
je dirai : Semez sans compter les têtes brunes e
blondes, c'est votre devoir ; mais aux pauvres, je dira
aussi : Agissez avec plus de réserve tant que l'Eta
imprévoyant ne vous viendra pas en aide, et n
comptez pas sur cette banale promesse : Dieu bénir
les grandes familles ! »

Cet ouvrage est bien différent de ceux qui ont été faits déjà sur les mêmes sujets. Loin d'être un motif de réclame, ce volume est d'une utilité incontestable.

L'Infécondité, ses causes, les moyens d'y remédier, est étudiée avec les plus grands détails et le plus clairement possible.

L'Infécondité volontaire et limitée fait le sujet de chapitres d'un intérêt capital au point de vue social ; les voies et moyens déjà préconisés y sont étudiés longuement, et enfin, l'étude de l'ovulation donne les seuls vrais procédés que l'expérience a confirmé.

Orné de **planches hors texte**, cet ouvrage, spécialement recommandé, ne peut être vendu qu'aux personnes d'un certain âge.

Ce curieux volume est envoyé franco et clos, ontre mandat ou bon de poste français de **4 francs**.

VOLUPTÉ, JOIE, PLAISIR
Par le Docteur JAF

L'auteur déjà si connu par ses nombreux ouvrages inspirés du Dieu d'Epidaure, a écrit cette fois un ouvrage de physiologie qui ne manquera pas de piquer vivement la curiosité de ceux qui cherchent à s'instruire. En effet, non seulement dans ce curieux ouvrage il est traité de certaines fonctions organiques dont le mécanisme reste un mystère pour la plupart du public, or, ces fonctions y sont étudiées dans tous leurs détails et dans un style très clair, exempts de termes scientifiques. L'auteur nous dépeint le jeu des organes qui en sont le siège, et la marche graduelle des voluptés, c'est-à-dire la théorie de la délectation amoureuse. **Prix : 3 fr. 50**

Docteur CAUFEYNON

L'ART DE CONSERVER LA SANTÉ
et de vivre longtemps
FORCE VIRILE — BEAUTÉ FÉMININE

Cet ouvrage mérite une attention toute particulière, car son utilité est incontestable. Il paraît à son heure, à une époque où la vie à outrance déprime la race, enraye l'accroissement de la population et abrège l'existence. Ce sont des leçons d'hygiène, mais des leçons raisonnées, pratiques, faciles à réaliser, à la portée de tous. L'auteur indique ce qu'il faut faire et ce qu'il faut éviter ; il fait admirablement saisir les préjugés, les erreurs, les dangers de certaines habitudes, les causes de décadence et d'affaiblissement. Il fait connaître ce qui se produit lors des exercices variés qu'il conseille, la théorie des mouvements qui démontre leur influence sur l'organisme. Les passions funestes à la santé y sont traitées longuement, ainsi que les moyens de retarder la vieillesse.

Enfin, l'art de conserver la beauté complète heureusement cet important ouvrage ; les femmes le consulteront avec fruit, et, si les conseils qu'il leur donne étaient rigoureusement suivis, on en verrait moins de fanées avant l'âge. **Prix : 3 fr. 50**

HYPNOTISME ET MAGNÉTISME
(MYSTÈRES DU SOMMEIL)
La Puissance du Regard. — Les Rayons Captivants. — Révélations Sensationnelles !
Par le Dr CAUFEYNON

Livre curieux et instructif absolument dégagé de termes scientifiques, où l'on trouve l'historique de cette science et ses progrès successifs. Les différentes phases de l'hypnotisme y sont longuement décrites : LE SOMNAMBULISME, LA LÉTHARGIE, LA CATALEPSIE, LA SUGGESTION, sont accompagnées d'observations et d'expériences nombreuses autant que concluantes. Et, enfin, les moyens les plus pratiques et les plus simples de pratiquer l'hypnotisme, les procédés à l'aide desquels on peut amener le SOMMEIL CATALEPTIQUE chez les individus, y sont indiqués d'une façon claire et précise, compréhensible pour tous.
Couverture allégorique en couleurs : 3 fr. 50

CHEZ SATAN
Par René SCHWAEBLÉ

Dans cette œuvre nouvelle, l'auteur nous mène, avec son entrain coutumier et sa documentation parfaite dans le monde bizarre des excentriques de l'amour, qui ne sauraient être heureux sans les plus fantastiques pratiques. Il nous fait assister à d'inoubliables exercices d'envoûtement et de sorcellerie occulte. L'Hypnotisme et le Spiritisme donnent lieu à des pages troublantes, ainsi que les Messes profanes, où s'agitent les pires INCUBES et les plus farouches SUCCUBES. Cet extraordinaire roman de mœurs, relatant les faits et gestes de nos satanistes contemporains, est un véritable modèle dans son genre tout spécial.

Un beau volume curieusement illustré par la photographie d'après nature.

Prix : 3 fr. 50

Docteurs JAF et CAUFEYNON

LES MESSES NOIRES

Le Culte de Satan-Dieu

Extrait de la table des matières :

Origine et progrès des Mystères. — La Démonomanie chez les Anciens. — Les sectes hérésiarques et leurs cérémonies sacrilèges. — Fêtes licencieuses du IIᵉ siècle. — Vœux et maléfices consacrés par les prêtres. — Profanation aux XIVᵉ, XVᵉ et XVIᵉ siècles. — Messes. — Cérémonies scandaleuses au XVᵉ siècle. — Assemblée satanique. — Messe noire de sorciers. — Envoûtements. — Maléfices. — Messes noires au XVIIᵉ siècle. — Les convulsionnaires et leurs doctrines obscènes. — Maçonnerie égyptienne. — Cagliostro. — Cérémonies sacrilèges de la Révolution. — Messes noires modernes.

La débauche au bon vieux temps. — Les amours de Satan. — Turpitude des Grands et du Clergé. — Mœurs dissolues des rois et des évêques. — Mœurs publiques et privées à partir du IIᵉ siècle. — Les possessions démoniaques. — Les Possédés de Loudun et de Louviers. — Les vices du XXVIIᵉ et du XVIIIᵉ siècles. — Les Possédés de Morzine au XIXᵉ siècle.

Prix : 3 fr. 50

Mémoires, Amours et Aventures de Casanova

CÉLÈBRE LIBERTIN

Aventures ultra-galantes de cet aventurier de l'amour, dont les orgies dépassèrent ce que l'homme peut imaginer, et qui ne craignit point d'adopter le costume féminin quand ses folies passionnelles le poussèrent jusqu'à la lisière du crime érotique.

Il ne s'agit pas ici d'un roman, mais des mémoires authentiques d'un aventurier des plus fameux. C'est une vie d'extravagances libertines, dont le récit jette un jour étrange sur une époque presque aussi dissolue que le temps des Tibère et des Héliogabale. Joueur et spadassin, Casanova avait auprès des femmes des qualités étonnantes, a dit Jules Janin ; il les aimait toutes, en roulant de vice en vice, et souvent côtoyant le crime. Don Juan, malgré sa liste célèbre de conquêtes, est terriblement dépassé par ce drôle cynique, parasite d'une société pourrie. Ses Mᴇ́ᴍᴏɪʀᴇs sont un vrai document.

Suivis d'anecdotes fort curieuses et piquantes, de révélations scabreuses sur les dames de la galanterie.

De nombreuses illustrations ajoutent du piment au texte.

Un beau volume, édition de luxe, **3 fr. 50.**

OUVRAGES SPÉCIALEMENT RECOMMANDÉS

TABLEAU DE L'AMOUR CONJUGAL

OU HISTOIRE COMPLÈTE
DE LA GÉNÉRATION CHEZ L'HOMME ET CHEZ LA FEMME

Par Nicolas VENETTE

Docteur en Médecine, Professeur d'Anatomie et de Chirurgie

Ouvrage unique traitant voluptueusement de l'Amour dans le Mariage. Ce livre ultra-passionnel, illustré hors texte de nombreuses et splendides planches en similigravure, relatives à l'Homme et à la Femme unis par l'hymen, renferme, en ses 400 pages de texte compact, tous les secrets les plus intimes et les plus suggestifs de la vie conjugale. Œuvre sans précédent, ce *Tableau vivant de la passion charnelle* est le guide indispensable de tous les amants vrais de la nature. Envoi franco, discret et clos, sous couverture allégorique en couleurs et emboîtage spécial contre mandat de. . . . . 4 fr.

SCÈNES D'AMOUR MORBIDE

Observations psycho-physiologiques, par le Dʳ CAUFEYNON. Livre où sont étudiées, de façon troublante et sincère, les passions violentes des détraqués de l'amour.

Un volume illustré par la photographie. Prix .   3 fr. 50

Ce volume ne peut être vendu que sous couverture fermée et aux personnes d'un certain âge et ne peut être mis entre les mains des jeunes gens.

Docteur DESORMEAUX
De l'Académie de Médecine. — Professeur de Médecine légale

L'AVORTEMENT

Causes naturelles. — Manœuvres criminelles

Ce nouveau traité de l'Avortement contient, d'une façon complète et détaillée, appuyée de nombreux exemples, tout ce que la science moderne et ancienne a établi de plus précis sur les causes spontanées et criminelles de l'Avortement, que l'auteur a étudiées avec soin, ainsi que les manœuvres abortives les plus souvent employées.

Prix franco et clos. . . . . 5 fr.

ARTICLES DE FANTAISIES

Renfermant un

Appareil Préservateur en Caoutchouc fin

Etui à cigares, renfermant 12 cigarettes de dames 2 fr. 50
Carnet de bal. contenant 12 cigarettes. . . . . 2 fr 50
Paquets de Cigarettes (armoirées au chiffre de tous les pays).
        Le paquet. . . . . 2 fr. 50
Paquets de Cigarettes, (Ninas, Albanas), renf. 12 cig. entour.
    de papier fin or ou argent. Le paquet. . . . . . . 2 fr. 50
Etui à surprise (Original de transp.), renf. 6 cigar. 1 fr. 50
Etui à sujet mythologique (Fin de Siècle),renf.6 cig. 1 fr. 25
Boîtes d'allumettes renfermant des cigarettes
        La boîte de 6 cigarettes . . . . . . 1 fr 25
        La boîte de 12 cigarettes. . . . . . 2 fr. 50
Paquets de cigarettes ordinaires, renf. 12 appareils.
        Qualité n° 1. Le paquet . . . . . . 2 fr. 25
        Qualité n° 2. Le paquet . . . . . . 2 fr. 50
        Qualité n° 3. Le paruet . . . . . . 3 fr.
Portefeuille TOUR EIFFEL, renf. 12 cigarettes. . 3 fr.
Fruits variés : Carottes, cerises, abricots. prunes. fraises,
    etc., contenant chacun un appareil préservateur.
        La demi-douzaine. . . . . 2 fr.
        La douzaine. . . . . 3 fr. 50
Cigarettes, dragées, crottes de chocolat, pralines, aman-
    des, noisettes, contenant chacune un préservatif.
        La douzaine . . . . 2 fr. 50
Boutons de Roses et Roses épanouies renf. chac. un app prés.
        La demi-douzaine . . . . 2 fr. 25
        La douzaine. . . . . 3 fr. 50
Boutons et fleur d'oranger, renf. chacun un préservatif.
        La demi-douzaine. . . . . 2 fr. 25
        La douzaine. . . . . 3 fr. 50
Boutons de Violettes, renf. chacun un appareil de sécurité.
        La demi-douzaine . . . . 2 fr. 25
        La douzaine. . . . . 3 fr. 50

OUVRAGES DE LUXE ILLUSTRÉS
à 3 fr. 50
Couvertures en couleurs

ROMANS PASSIONNELS ET ALBUMS

JEAN RAMEAU, Du Crime à l'Amour, 1 vol.

WILLY. Danseuses, 1 vol.

JANE DE LA VAUDÈRE, Les Antiogynes, 1 vol. — Le Harem de Syta, 1 vol. — Confessions galantes, 1 vol. — La Vierge d'Israël, 1 vol.

RENÉ MAIZEROY, Vierges en Fleur, 1 vol. — Sarah la Peau, 1 vol. — La Grande Passion, 1 vol. — La Fraude Nuptiale, 1 vol. — L'Heure du Berger, 1 vol. — Le Poison des Lèvres, 1 vol. — Notre Amour Quotidien, 1 vol. — Douces Amies, 1 vol.

MARIE-ANNE DE BOVET, Vierges Folles, 1 vol.

GUY DE TÉRAMOND, L'Étreinte dangereuse, 1 vol. — Les Dessous de la Cour d'Angleterre, 1 vol. — Impériales voluptés, 1 vol. — La Force de l'Amour, 1 vol.

JEAN BERTHEROY, Sybaris, 1 vol.

V. LU SAUSSAY, Les Nuits de la Casbah, 1 vol. — Chairs épanouies, Beautés Ardentes, 1 vol. — Je suis Belle, 1 vol. — Les Mémoires d'une Chaise longue, 1 vol. — Immortelle Idole, 1 vol. — Martyrs du Baiser, 1 vol. — Femmes, Amour, Mensonges, 1 vol. — La Morphine (Roman), 1 vol. — Rires, Sang et Voluptés, 1 vol. — Rue de la Paix (Marchés d'Amour), 1 vol.

THÉODORE CAHU, Leurs Amants, 1 vol. — Celles qui se prêtent, 1 vol.

HENRI SÉBILLE, Toute la Troupe, 1 vol.

GUSTAVE GUITTON, Les Têtards (Futures femmes), 1 vol. — Les Essayeuses (Futures femmes), 1 vol. — Les Exagérées (Futures femmes), 1 vol.

AUGUSTE GERMAIN, Les Paradis, 1 vol.

CURNONSKY, Demi-Veuve, 1 vol.

HENRY DE FLEURIGNY, Le Mauvais Charme, 1 vol.

PIERRE GUÉDY, L'Égyptienne, 1 vol.

JÉRÔME MONTI, L'Amant des Femmes, 1 vol. — L'Empaumeuse, 1 vol.

CAROLUS DIDIER, David (L'Orgie biblique), 1 vol.

VICTOR NADAL, L'Abesse damnée, 1 vol.

ARMAND SYLVESTRE. — Illustrations de L. LE RIVEREND, La Chemise à travers les Ages, 1 album. — Le Demi-Nu, 1 album.

Chaque volume relié demi-chagrin, tête doré..... **6 fr.**

LES SŒURS VACHETTE

Par Victor JOZE

Il est peu d'ouvrages d'un intérêt aussi vif, l'auteur y dépeint d'une main osée mais franche, les vices et les corruptions de la vie mondaine. C'est un tableau véritable de l'état morbide de la société bourgeoise, c'est en un mot une leçon de morale profitable à chacun, un vade-mecum des profanes aux curiosités de l'amour à Paris. Un beau volume de 275 pages, illustré de nombreux dessins d'après nature, couverture en couleurs de Jack ABEILLÉ.

Prix, franco : 3 fr. 50

L'amant des femmes, par Jérôme MONTI. 30 compositions de Ch. ATAMIAN... 3 fr. 50'

La pudeur dans l'art et la vie. par Emile BAYARD. 32 études académiques .... 3 fr. 50'

La beauté féminine, par E. de CHAVANNES........ 3 fr. 50'

Le viol. Roman naturaliste de mœurs bourgeoises, par Jean VALGORGES. .... 3 fr, 50'

La luxure. Roman passionnel par Jean DE MERLIN, illustré par la photographie d'après nature. Couverture par Lucien ROBERT... 3 fr. 50'

L'orgie moderne. Roman passionnel par René SAINT-MÉDARD, nombreuses illustrations d'après nature.......... 3 fr. 50'

Les détraquées de Paris, par René SCHWAEBLF, illustrations de Lubin DE BEAUVAIS.................................. 3 fr. 50'

Florina Roman parisien sur la Traite des Blanches, par Jean DE MERLIN, illustrations d'après nature .... 3 fr. 50

Maison de rendez-vous, par Jean DE MERLIN, illustré par la photographie d'après nature................... 3 fr. 50

Un atelier de débauche, par Jean DE MERLIN, photographies d'après nature.. 3 fr. 50

Le marlou gentilhomme, par Jean DE MERLIN, nombreuses illustrations. .... 3 fr. 50

La divine marquise, par Jean DE MERLIN, nombreuses illustrations .... 3 fr. 50

La baronne Kapouth, par Jean DE MERLIN, nombreuses illustrations.. .... 3 fr. 50

ROMANS D'AMOUR ET AUTRES

Amours d'Apaches, roman de la basse pègre, par Alphonse GALLAIS, dit « le Gustave AIMARD des Jungles parisiennes ». Ouvrage sensationnel où sont analysés des types sinistres, tel Charlot, le Grêlé, qui terrorisent et ensanglantent les nuits de Paris. Trente dessins réalistes du fin observateur V. SPAIN et une couverture en couleur du maître GOTTLOB encadrent superbement cette œuvre vécue, d'un intérêt puissant et inoubliable, 1 beau volume .... 3 fr. 50

La Foule en Rut *(L'Idole Rouge)*, par Louis BESSE, le chef-d'œuvre de l'écrivain. Etude approfondie du vice dans le peuple et dans le monde. Incidents suggestifs, intrigue remplie de surprises et de coups d'audace. 1 fort volume, très belle édition, illustré de nombreux dessins, couverture en couleur.................................... .... 3 fr. 50

La Débauche, par Louis BESSE, puissante étude des mœurs parisiennes, intrigue captivante et dénouement sai-issant. Nouvelle édition. Détails inédits sur les milieux du vice. Curieuses révélations. Un fort volume superbement illus-tré................·....................·............ . 3 fr. 50

Les Amours de Napoléon III, mémoires justement célè-bres de Marguerite BELLANGER, sa maîtresse...... 3 fr. 50

L'Amour à Paris, par Jules DAVRAY, un volume in-18 de 220 pages avec 20 dessins de L. VALLET de la *Vie Parisienne*, de José ROY et de FORAIN. Curieux volume, donnant des aperçus inconnus sur la vie des femmes galantes à Paris, couverture illustrée et coloriée................... 3 fr. 50

L'Armée du Vice, par Jules DAVRAY, un volume in-18 jésus, illustré de nombreux dessins par nos meilleurs artistes. Superbe volume de l'auteur de l'*Amour à Paris*, donnant tous les renseignements sur le vice et ses pra-tiques, ses prêtres et ses prêtresses, documents rares et inédits .... 3 fr. 50

Madame Mathurin, par Jérôme MONT'. Ce volume est publié sous le titre de *Maîtresse d'Ecole*. Œuvre de haute valeur littéraire, et a été poursuivie devant la Cour d'assises de la Seine et acquittée. Un curieux volume de mœurs.. 3 fr. 50

Reine de joie, par Victor Jozz, mœurs du demi-monde. Etude parisienne. Un beau volume in-18 jésus, illustré de nombreux dessins, couverture en couleur de Jack Abeillé. .... 3 fr. 50

Fleur de Chair, par Frédéric Dargent'al, un beau volume de 252 pages, illustré de nombreux dessins inédits. Roman de mœurs. Aventures mouvementées d'une paysanne devenue cocotte. Scènes de la vie parisienne; couverture illustrée et coloriée.. .... 3 fr. 50

La Jolie Faubourienne, par Charles Bérard, beau volume de 252 pages, illustré de douze compositions et de nombreux dessins inédits.. 3 fr. 50

L'Amour en Visite, par Alfred Jarry, roman d'aventures amoureuses, illustré de nombreux dessins hors texte, couverture en couleur de D. Mullet .... 3 fr. 50

Les Prostituées du Trône, gra d roman historique de cape et d'épée, par Emile Laumont....................... 3 fr. 50

Les trois Cocus, roman comique, par Léo Taxil. Nouvelle édition, illustrée de 281 dessins des plus amusants, par le célèbre caricaturiste Pépin. Beau volume de 400 pages 3 fr. 50

L'Amour et les Baisers, par Pol de Saint-Merry, un beau volume illustré de nombreux dessins, couverture en couleur .. .. 3 fr. 50

La femme et l'épouse, par Pol de Saint-Merry, beau volume illustré par Jean Baral, couverture en couleur..... 3 fr. 50

Charmeuses de cœurs, par Pol de Saint-Merry, un beau volume illustré par G. Chamonin. Couverture en couleurs .... 3 fr. 50

Le Vice en Algérie, par Marcel Dabiels. Un volume illustré de nombreux dessins de Claverie, couverture coloriée. 3 fr. 50
> Curieuse étude de mœurs civiles et militaires de l'Algérie contemporaine.

Le Désir, par Georges Rouxel Roman de mœurs. 1 volume in-18 illustré, par Henri Poublan........................ 3 fr. 50

Franc-Cœur, par Ange Rebelle. Un volume, avec illustrations d'Alphonse Gallais............................. 3 fr. 30

La Jolie Cigarière, par Marc Mario. Grand roman de drame et d'amour, illustré de nombreux dessins. Couverture en couleurs.. 3 fr. 50

Institution des Demoiselles, par Albert Cim, roman de mœurs parisiennes...................................... 3 fr. 50

La Débauche à Paris, par Jean DE MERLIN. Curieuse étude de mœurs sur les maisons de plaisirs, refuges de la haute et basse pègre, filles de joie et souteneurs, un beau volume. . . . . 3 fr. 50

La Can'haride, par V. JOZE, roman de mœurs franco-américaine; couverture en couleur de Jack ABEILLÉ. . . . 3 fr. 50

L'Arrière-Boutique, par Georges BRANDIMBOURG, roman de mœurs parisiennes, couverture de REDON, belles illustrations de JACQUES et D. MULLET. . . . . 3 fr. 50

Croquis du Vice, par G. BRANDIMBOURG. Ce beau volume, dont la couverture est de STEINLEN, contient, en outre, une composition de HEIDBRINCK. Nombreuses illustrations par RADIGUET, D'ESPAGNAT et D. MULLET . . . . 3 fr. 50

Les Amours du Chevalier de Faublas, l'immortel chef-d'œuvre de LOUVET DE COUVRAY. Réimpression complète conforme à l'édition de 1787. Illustré de nombreux dessins inédits, couverture en couleurs. Complet en trois volumes. Ensemble. . . . . 3 fr. »

Cœur immolé, par Louis LATOURETTE. Un magnifique volume de luxe; illustré de 4 lithographies hors texte, couverture illustrée de Jack ABEILLÉ. . . . . 3 fr. 50

Marchande d'Amour, *Maison Rosine*, par Jean BRUNO. Roman d'études initiant les lecteurs aux mystères des maisons de rendez-vous ; beau volume inédit de 252 pages, illustré de nombreux dessins de Léon ROZE; couverture en couleur de Victor SPAHN. . . . . 3 fr. »

Les Enfants d'une Gueuse, *Maison Rosine* (suite de *Marchande d'Amour*), par J. BRUNO. Roman tragique de mœurs réalistes, illustré de 30 dessins inédits de Léon ROZE; couverture illustrée en couleur. . . . . 3 fr. 50

Les Vierges fin-de-siècle, par Jean BRUNO. Un beau volume de 370 pages, couverture en couleur par L. CARRIÈRE 3 fr. 50

Le Fils de l'Assassin, par Auguste VILLIERS. Un volume in-18, couverture illustrée en couleur, 30 dessins; 288 pages. . . . . 3 fr. 50
Roman moral et philanthropique, offrant un moyen de relever et de protéger les enfants des condamnés.

Minette (*Histoire d'une jeune fille sage*). Titre chaste, illustrations plus que drôles. . . . . 3 fr. 50
Cette belle Minette est une héroïne à la Paul de Kock. Elle se tire fort adroitement d'un tas d'aventures burlesques et galantes et arrive à l'honnêteté conjugale fièrement, ainsi qu'un bon jeune homme ayant jeté sa gourme. On ne recommande pas ce livre aux jeunes filles à marier (il y en a beaucoup qui le trouveraient trop naïf).

La Prostitution Contemporaine

A PARIS, EN PROVINCE, A L'ÉTRANGER

Par le Dr **PARENT-DUCHATELET**

Membre de l'Académie de Médecine
Médecin en chef de la prison Saint-Lazare

Et le Dr **Urbain RICARD**

Ex-chirurgien des Hôpitaux
Membre de plusieurs Sociétés savantes

ÉDITION ILLUSTRÉE ET DOCUMENTÉE

Étude complète sur les Filles soumises
et insoumises
Maisons publiques et clandestines
Tenancières, Courtières, Entremetteuses
Souteneurs, Tribades, Vampires
Gitons et Chanteurs, etc.

3 fr. 50

OUVRAGE ARTISTIQUE SUR LE NU

LA BEAUTÉ FÉMININE

Par E. de **CHARAMÈS**

Ce recueil unique, contient en un magnifique volume plus
de cinquante illustrations de nu, académique obtenue par
la photographie, d'après nos plus beaux modèles ; c'est le
guide indispensable des peintres, dessinateurs, sculpteurs, etc. Cet ouvrage a aussi sa place dans la bibliothèque des amateurs du beau et du vrai. *Envoi franco et
discret*. . . . . 3 fr. 50

Cythère!...
Dix minutes d'arrêt!
Par Léon VALBERT

1 vol. in-18 jésus. — Couverture de Jack Abeillé.
Nombreuses illustrations de Gil Baer.

Prix . . . . **3 fr. 50**

Ce volume, d'une étourdissante gaieté, continue heureusement l'amusante série de l'auteur du *Compartiment des Dames seules*, de *Quo Vad...rouillis*, etc. Les charmantes illustrations de Gil Baer, soulignant les récits du célèbre conteur, ne peuvent que contribuer au succès de la dernière œuvre de Léon Valbert, que son *Compartiment des Dames seules* classe définitivement à côté des Alphonse Allais, des Courteline et Cⁱᵉ, dont il a la manière..., avec beaucoup d'esprit en plus.

Du MÊME AUTEUR. — **Mémoires de Mademoiselle Flore, actrice des Variétés.** 1 fort volume in-18 jésus . . . . **4 fr.**

Du MÊME AUTEUR. — **Mémoires de Fleury,** de la Comédie Française. 1 fort vol. in-18 jésus. **4 fr.**

Du MÊME AUTEUR. — **Mémoires de Talma,** de la Comédie Française. 1 fort vol. in-18 jésus. **4 fr.**

L'HOMME A FEMMES
Par Victor JOZE

Don Juan malgré sa liste célèbre de conquêtes est terriblement dépassé par ce drôle, joueur, noceur par excellence et qui se trouve constamment mêlé à une vie d'extravagances libertines Il n'est point d'homme qui ne fut plus fêté et plus recherché parmi la haute société féminine, aimant toutes les femmes, roulant de vice en vice, de débauche en débauche. Il se tire fort adroitement de maintes aventures galantes et burlesques. Ce récit piquant est un vrai document. Un beau volume illustré sous couverture en couleurs. 3 fr. 5)

Collection Album

Les Femmes en chemises. Grand album de 20 grands dessins ultra-galants, par COUTURIER. . . . . 2 fr. »

Nos folles Maîtresses. Album de 20 grands dessins en noir et en couleurs . . . . , ... 2 fr. »

Les Dessous à travers les âges. Superbe album inédit illustré par Le RIVERAND. Texte d'Armand SILVESTRE . 3 fr. 50

Rires et Grimaces. Curieux album illustré par FORAIN, CARAN D'ACHE, WILLETTE, PILLE, GODEFROY, GUILLAUME . . 2 fr. »

Les petites Femmes de Japhet, avec de splendides planches en couleurs simi-aquarelle . . . . 4 fr. »

LÉO MORE. — **La Gangrène.** — Le Roman d'un avarié. Couv. illustr. par Gaston Noury, in-18 jésus . . 3 fr. 50

Avec une audace et un courage dont il faut lui savoir gré, LÉO MORE s'est attaqué franchement au problème effleuré déjà au Théâtre par Brieux : mais que personne, jusqu'ici, n'avait osé résoudre devant l'opinion publique. *La Gangrène* est un acte de réparation et de justice équivalant au geste célèbre de de Maistre à la cité d'Aoste. Ce livre tend la main aux lépreux du XIXᵉ siècle et les réhabilite.

Les Livres secrets des Confesseurs, dévoilés aux Pères de famille, par Léo TAXIL . . . . 2 fr. »

> Cet ouvrage reproduit les principaux livres et manuels qui sont en usage dans les grands séminaires et au moyens desquels les jeunes abbés s'instruisent des questions les plus délicates. Ce sont ces manuels secrets, ayant pour auteurs : le R. P. Debreyne. Mgr Bouvier, Mgr Claret. etc., que les évêques ont toujours dérobés à la vigilance des gouvernements, car ces livres sont la preuve flagrante de l'enseignement abominable des séminaires et de l'horrible immoralité du confessionnal.

Le Capucin enflammé, roman comique par le R. P. ALLELUIA de l'ordre de la Sainte-Rigolade 1 volume illustré.. . . . . 3 fr. 50

Le Couvent de Gomorrhe, par Jacques SOUFFRANCE, roman historique. Mœurs abominables et mystères horribles des communautés religieuses. Illustré . . . . 3 fr. 50

Le Moine incestueux, orgie des couvents, par Edmond PLOERT. Un volume illustré. . . . . 3 fr. 50

Lettres amoureuses d'un Ignorantin à son élève. La mère en défendra la lecture à sa fille, et même le père à son fils. Un volume . . . . 2 fr. »

La Belle Dévote, par Jean VINDEX, roman passionnel; couverture illustrée par Jack ABEILLÉ. . . . . 3 fr. 50

L'Alcôve du Cardinal, par Jean VINDEX. Un fort volume illustré de nombreux dessins, dans lequel l'auteur dévoile toutes les turpitudes et les mensonges du clergé ; couverture illustrée en couleurs. . . . . 3 fr. 50

Les Débauches d'un Confesseur, par Jean PAUPER, suivies des Galanteries de la Bible, par Evariste PARNY. Fort volume illustré par LACARRIÈRE, couverture coloriée 3 fr. 50

BIBLIOTHÈQUE SCIENTIFIQUE

ET MÉDICALE

Ouvrages documentés sur la Prostitution

LE PÈLERIN DE CYTHÈRE

Voyages d'étude physiologique chez les prostituées des principaux pays du globe. Extraits et résumé de la relation encore inédite des voyages effectués de 1883 à 1897, autour du monde par l'explorateur V. Guilbert de Préval recueillis et publiés avec son autorisation, par le Dr Grandier Morel ancien Médecin de la Marine . . . . . . 2 fr. 50

LA SYPHILIS
ET LES AUTRES MALADIES VÉNÉRIENNES
CHEZ LES PROSTITUÉES DE PARIS

Par le Dr Parent-Duchatelet

Sous ce titre, **Vénus devant Esculape**, le Dr Grandier Morel a écrit, comme préface à cette nouvelle édition, une étude des plus complètes et de la plus saisissante actualité . . . . 2 fr. 50

Dr O. Dubois

LA MÉDECINE NOUVELLE

Ce manuel de médecine pour la famille du Dr Dubois est un compagnon véritable pour la mère de famille soucieuse de la santé des siens. Toutes les recettes de guérison économiques et pratiques y sont décrites. Cet ouvrage forme un un magnifique volume de près de 800 pages. Prix franco . . . . 2 fr. 50

Volumes du Docteur GARNIER

Le Mariage, dans ses devoirs, ses rapports et ses effets conjugaux. 15ᵉ édition. 1 volume avec figures .... 3 fr. 50
> Ce code des mariés, en indiquant toutes les conditions sanitaires, les règles hygiéniques et les lois morales à observer pour vivre unis et en bonne santé, offre donc le plus haut intérêt pour tous ceux qui se préoccupent d'être heureux et d'avoir une progéniture saine et robuste.

La Génération universelle, lois, secrets et mystères, chez l'homme et chez la femme. 7ᵉ édition très augmentée. 1 vol. avec figures . ... 3 fr. 50
> Ce livre s'adresse à tous, par ses renseignements utiles et intéressants. L'homme des champs, comme le naturaliste et le philosophe. y trouvera la réfutation et la critique des systèmes matérialistes en vogue.

L'Impuissance morale et physique chez les deux sexes, causes, signes, remèdes. 7ᵉ édition refondue. 1 volume avec figures........ .. .. 3 fr. 50
> L'impuissance s'y trouve décrite sous toutes ses formes.

La Stérilité humaine et l'Hermaphrodisme. 4ᵉ édition. 1 vol. avec fi. ures. ... . 3 fr. 50

Onanisme, seul et à deux, sous toutes ses formes et leurs conséquences. 9ᵉ édition refondue et augmentée d'une forme inédite, avec 130 observations........ .... 3 fr. 50

Anomalies sexuelles apparentes et cachées par aberration physique ou morae. 2ᵉ édition. 1 vol. de 544 pages, avec 230 observations .... 3 fr. 50

Le Mal d'amour, contagion, préservatifs et remèdes. 3ᵉ édit. 1 vol. de 404 pages et 112 observations........ .... 3 fr. 50

Epuisement nerveux génital (Neurasthénie sexuelle), signes et dangers, hygiène et traitement, avec 132 observations et une planche... .... 3 fr. 50

L'Onanisme. Les maladies produites par la masturbation, par TISSOT, docteur-médecin. 1 vol. in-18 .... 2 fr. »

Traité pratique des Maladies des voies urinaires et des organes générateurs de l'homme, par le docteur Em. JOZAN, 21ᵉ édition refondue, illustrée de 355 fig. d'anatomie et 16 planches chromolithographiques, 29 figures. 1 volume in-18..... .... 5 fr. »

Traité complet des Maladies des femmes, par LE MÊME. Illustré de 205 figures d'anatomie. 9ᵉ édition. 1 volume in-18 .... 5 fr. »

D'une cause fréquente et peu connue d'épuisement prématuré. Traité pratique des pertes séminales, choix d'observations de guérisons, par LE MÊME. 9ᵉ édition. 1 vol. in-18. .... 5 fr. »

Bibliothèque Médicale Populaire et d'Hygiène
Du Docteur ALIBERT
Le volume : **25** cent. Franco : **35** cent.

1. ANATOMIE DES ORGANES GÉNITAUX.

Organes de la Femme et leurs fonctions. — Organes de l'Homme, mécanisme. — Anomalies des organes génitaux. — Androgynes.

2. LA GÉNÉRATION.

L'instinct sexuel. — La Génération. — L'Accouplement. — L'Ovulation. — Le Rôle des spermatozoïdes. — Lois générales de la fécondation. — Peut-on avoir plusieurs pères. — Les Jumeaux. — La Superconception.

3. L'AMOUR ET L'ACCOUPLEMENT.

L'Appétit vénérien. — Le Désir. — L'Accouplement. — Les Postures. — Séduction. — Pudeur. — Volupté. — Galanterie.

4. LA GROSSESSE.

Grossesse normale et anormale. — Conséquences. — Maladies. — Régime. — Influences maternelles sur la grossesse. — Regards et envies.

5. L'ACCOUCHEMENT.

Mécanisme de l'accouchement. — Les quatre Périodes. — Obstacles. — La Délivrance. — L'Allaitement.

6. L'IMPUISSANCE ET LA STÉRILITÉ.

L'Impuissance dans le mariage. — La Stérilité de l'Homme et de la Femme. — Traitement. — Fécondation artificielle.

7. L'HYSTÉRIE.

Symptômes. — Causes et siège de l'Hystérie. — Formes singulières. — Observations curieuses. — Traitement.

8. LA SYPHILIS.

Le Chancre induré. — La Syphilis constitutionnelle. — L'Hérédité. — La Syphilis par conception. — Syphilis et Mariage. — Moyens de préservation. — Traitement.

9. LES MALADIES VÉNÉRIENNES.

La Blennorhagie chez l'Homme et chez la Femme. — Les Complications. — Les Traitements. — Le Chancre mou. — Les Moyens préservatifs. — Le Mariage et les Maladies vénériennes.

10. L'ONANISME.

L'Onanisme chez l'Homme. — Ses Causes. — Ses Procédés. — Ses Désordres. — Masturbation chez la Femme. — Ses Causes. — Divers modes de masturbation. — Signes. — Conséquences.

11. LA PÉDÉRASTIE ET LES ABERRATIONS.

Causes de l'inversion sexuelle. — Signes caractéristiques. — Prostitution pédéraste. — Les Fétichistes. — Les Exhibitionnistes. — Les Masochistes. — Les Sadiques. — Les Nécrophiles. — La Bestialité.

12. TRIBADISME ET SAPHISME.

Ménages de Tribades. — Propagation du Saphisme. — Les Fellatrices. — Les Saphistes. — Les Tribades de maisons publiques. — Signes et Déformations. — Sodomie féminine. — Lubricité de la Femme.

13. LA VIRGINITÉ.

La Virginité chez les divers peuples. — La Défloration. — Les Signes de la Virginité. — L'Infibulation. — Viols et Attentats. — Le Droit de défloration au moyen âge. — Les Epreuves avant le mariage. — Les Vieilles Vierges.

14. LA MASTURBATION CHEZ LA FEMME.

Formes et Procédés. — Causes. — Résultats. — La Déformation des Organes génitaux. — Conséquences pour la santé.

N. B. — Tous nos envois sont faits avec soin et à l'abri des indiscrétions.

Les expéditions ne sont faites qu'après réception du montant de la commande en bon, mandat ou timbres-poste.

Les timbres étrangers sont refusés.

Il n'est pas fait d'envoi contre remboursement.

Nous procurons également tous les ouvrages, romans et autres des principales maisons d'édition de Paris et ce sans augmentation de prix.

Pour toute demande de renseignements, joindre timbre pour réponse.

Nos commandes sont toujours exécutées dans les 24 heures.

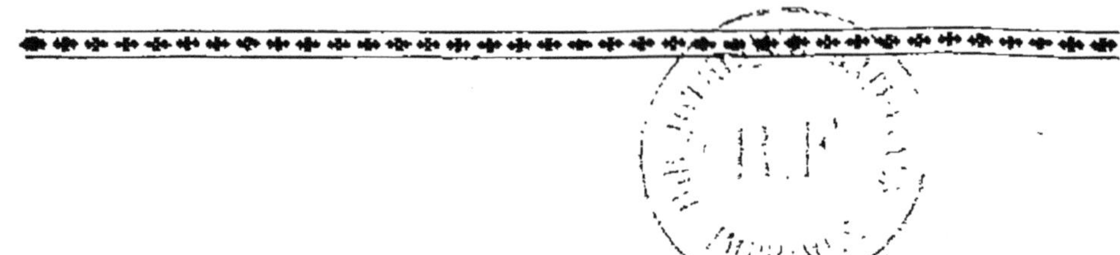